Das Schreiben einiger türkischer Namen in deutscher Übersetzung bereitet Probleme. So werden oft im Türkischen Sonderzeichen der lateinisches Schrift benutzt, die im Deutschen nicht immer gebräuchlich sind: etwa das „ğ" im Namen „Erdoğan". Wir haben uns allerdings nach einiger Diskussion gegen eine Transliteration des Türkischen entschieden, in der die Namen buchstabengetreu ins Deutsche übertragen worden wären, inklusive der Sonderzeichen. Wir glauben, diese Übertragung hätte die Lesbarkeit der Graphic Novel an vielen Stellen beeinträchtigt. Wir haben stattdessen vereinfacht, die Sonderzeichen reduziert und durch ähnliche lateinische Buchstaben ersetzt. Wir sind damit den Weg einer Transkription gegangen, in der die Namen umschrieben werden. Anders gesagt: aus „Erdoğan" haben wir „Erdogan" gemacht.

Wir sind uns bewusst, dass dies nicht für alle die beste Lösung ist. Aber wir hoffen, Sie können unsere Entscheidung nachvollziehen.

Impressum

Erdoğan

1. Auflage November 2021
ISBN: 978-3-948013-10-3
Gedruckt in Lettland / Livonia Print / Riga

Autor: Can Dündar
Zeichnungen & Cover: Anwar
Herausgeber: David Schraven
Layout: Jetlag
Übersetzung: Sabine Adatepe

www.ozguruz-press.org

ÖZGÜRÜZ Press gUG
Postfach 10 28 01, 45028 Essen
Kontakt: info@ozguruz.org

Erdoğan

Autor: Can Dündar

Zeichnungen & Cover: Anwar

VORWORT
BERLIN

Comic Shop
COMICS
IM BUCHHANDEL SAH ICH, DASS DIE SPARTE GRAPHIC NOVEL IMMER MEHR RAUM EINNIMMT.
DA KAM MIR DIE ERLEUCHTUNG
THOMPSON
CHE
WARUM EIGENTLICH NICHT?

CORRECTIV
MEIN KOOPERATIONSPARTNER CORRECTIV HAT RENOMMEE IN SACHEN GRAPHIC NOVEL.
CAN DÜNDAR
EINE GRAPHIC NOVEL ÜBER ERDOGAN? TOLLE IDEE! MACH DICH AN DIE ARBEIT!
DAVID SCHRAVEN
THIS MACHINE RUNS ON COFFEE
ICH HABE DA EINEN SEHR FÄHIGEN ZEICHNER IM KOPF ...
www.anwarjbr.com

2017
SO LERNTE ICH MOHAMED ANWAR KENNEN.
ALS REGIMEGEGNER MUSSTE ANWAR, GENAU WIE ICH, SEIN LAND VERLASSEN. BERLIN, DIE „STADT DER EXILANTEN", BRACHTE UNS ZUSAMMEN.
ICH BIN DABEI. WANN GEHT'S LOS?
ZUERST KOMMT DIE RECHERCHE.
SO BEGANN DIE RECHERCHE. GIZEM TRUG ALLES ZUSAMMEN, WAS ES ÜBER ERDOGAN GAB, BÜCHER, DOKUMENTARFILME, ERINNERUNGEN.
ICH FINDE DIE ZWEITE FRAGE AUS DER AUFNAHMEPRÜFUNG FÜR DEN JOB BEI DER STADT NICHT.
ALLE ANGABEN MÜSSEN STIMMEN. WIR MÜSSEN AUCH DAS POLITISCHE KLIMA VON DAMALS MIT REINBRINGEN, DAMIT DER LESER ALLES RICHTIG EINORDNEN KANN.

DANN GING ES ANS SCHREIBEN. ICH WOLLTE DAS LEBEN DES MANNES AUFSCHREIBEN, DER NICHT NUR MEINE, SONDERN AUCH DIE ZUKUNFT MEINES LANDES BEDROHTE. DABEI DURFTE ICH MICH NICHT VON WUT ÜBERWÄLTIGEN LASSEN, VIELMEHR MUSSTE ICH JOURNALISTISCHE OBJEKTIVITÄT WAHREN.
DIESE SZENEN STELLEN IHN ALS OPFER DAR, SIE WECKEN SYMPATHIE.
MICH MUSS DAS INTERESSIEREN, WAS WAR, NICHT, WELCHE WIRKUNG ES HABEN WIRD.
NUN WAR ANWAR AN DER REIHE.
MONATELANG WÜRDE ER ENDLOSE TAGE UND SCHLAFLOSE NÄCHTE LANG ERDOGAN ZEICHNEN, NACH ANDERTHALB JAHREN WÜRDE ER DAS MIT GESCHLOSSENEN AUGEN KÖNNEN.
ES WAR, WIE DAS SKRIPT FÜR EINEN FILM ZU SCHREIBEN. MAL WIE EIN THRILLER, DANN WIEDER WIE EIN ABENTEUERFILM ...
ES SOLL EIN BUCH ÜBER SEINEN AUFSTIEG ZUR MACHT SEIN, DEN REST KENNEN DOCH SOWIESO ALLE ...
NEHMEN WIR DIE BERG-METAPHER. DANN KÖNNEN WIR ZEIGEN, WELCHE ZUGESTÄNDNISSE ER MACHTE, UM AUF DEN GIPFEL ZU STEIGEN, WIE ER NACH JEDEM ABSTURZ WIEDER VON VORN BEGANN.

LASSEN WIR IHN AUF DEN LETZTEN SEITEN DIE BÜHNE BETRETEN ...
UND IM PUBLIKUM SOLLEN ALLE SITZEN UND APPLAUDIEREN, DIE IHN BEI SEINEM AUFSTIEG ZUR MACHT UNTERSTÜTZT HABEN.
SELIN
DAS IST MEHR ALS NUR ERDOGANS GESCHICHTE GEWORDEN, ES ERZÄHLT AUCH VOM POLITISCHEN ISLAM DER LETZTEN 50 JAHRE ...
DARAUS KANN MAN VIEL LERNEN, IM NAHEN OSTEN WIE AUCH IN EUROPA UND DEN USA ...
ERDO

COMICS
ERDOGAN IST EIN POLITIKER MIT NULLTOLERANZ GEGENÜBER KARIKATUREN. STELLTE EINEN BEFREUNDETEN KARIKATURISTEN VOR GERICHT, WEIL DER IHN ALS KATZE DARGESTELLT HATTE. DIESES BUCH SOLL DIE ANTWORT DER KARIKATUR AN IHN SEIN.
KOMM, WIR MACHEN UNS GLEICH AN DIE ARBEIT FÜR DEN NÄCHSTEN BAND …
CAN DÜNDAR ANWAR
ERDOĞAN
BIOGRAFIE

1954–1968

VERLETZT

Zwischen Moschee und Fußballfeld

APRIL 1954
ISTANBUL
KUNDGEBUNG DER DEMOKRATISCHEN PARTEI.
AHMET ERDOGAN IST KAPITÄN DER STÄDTISCHEN FÄHRBETRIEBE. ER HAT GLEICH ZWEI GRÜNDE ZUR FREUDE: ER FEIERT DIE WAHLKAMPAGNE SEINES LIEBLINGSPOLITIKERS UND GLEICHZEITIG DIE GEBURT SEINES ERSTEN SOHNES.

ES WIRD EIN HISTORISCHER ERFOLG. DER TÜRKISCHE PREMIER ADNAN MENDERES ERREICHT BEI DEN WAHLEN IM MAI 54 EINE ZUSTIMMUNG VON 58,4 PROZENT.
57 JAHRE SPÄTER WIRD DER SOHN VON KAPITÄN AHMET EIN ÄHNLICH GUTES ERGEBNIS ERREICHEN: RECEP TAYYIP ERDOGAN WIRD MIT DER AKP DIE ABSOLUTE MEHRHEIT GEWINNEN.

İstanbul
Rize
KAPITÄN AHMET STAMMT AUS DEM ORT RIZE AN DER ÖSTLICHEN SCHWARZMEERKÜSTE.
ER VERLIERT SEINE ELTERN SEHR JUNG UND WIRD WAISE.
KURZ DARAUF WIRD ER MIT EINER ÄLTEREN FRAU VERHEIRATET, DIE SCHON EIN KIND HAT. ABER ES GIBT IN RIZE KEINE ARBEIT. KAPITÄN AHMET ZIEHT MIT SEINER FRAU UND DEM STIEFKIND ANS ANDERE ENDE DES SCHWARZEN MEERES.
NACH ISTANBUL ... IN DIE STADT DER CHANCEN ...

MIT DEM SÜDWESTWIND DES BOSPORUS IM RÜCKEN ...

... BELIEFERT ER ALS KÜSTENSCHIFFER DIE INSELN MIT TRINKWASSER UND VERDIENT SEIN BROT AUF DEM MEER.

1953 TRITT EINE ZWEITE FRAU IN SEIN LEBEN. TENZILE IST 29 JAHRE JÜNGER. ER BEGINNT MIT IHR EIN NEUES LEBEN. IHR ERSTER SOHN KOMMT IM STADTTEIL KASIMPASA ZUR WELT.
IN DIR SOLL DER NAME DES HEILIGEN MONATS RECEP UND DER MEINES GROSSVATERS LEBEN – TAYYIP: RECEP TAYYIP. RECEP TAYYIP. RECEP TAYYIP.

DAS HOLZHAUS DER FAMILIE IST MARODE, DIE DIELENBRETTER KNARZEN UNTER IHREN FÜSSEN. RINGSUM MATSCH UND MAULBEERBÄUME. SIE SIND ARM, DOCH NIE MANGELT ES AN BESUCHERN IN DEN ZWEI ZIMMERN.

GÄSTE WERDEN BEWIRTET, BETTEN AUF DEM BODEN BEREITET, BROT, LEBEN UND SORGEN GETEILT.

*EINE BELIEBTE TÜRKISCHE SÜSSIGKEIT

ZUR UNTERWEISUNG IM KORAN MELDET KAPITÄN AHMET SEINEN ÄLTESTEN SOHN IM SOMMERKURS DER NAHEN MOSCHEE AN.

VON NUN AN VERBRINGT DER KLEINE TAYYIP SEINE ZEIT VOR ALLEM MIT DEM LESEN DES KORAN IN DER MOSCHEE.
BISMILLAHIRRAHMANIRRAHIM ...
HIER BEGINNT DIE FRÖMMIGKEIT, DIE ERDOGAN SO TIEF PRÄGEN SOLL.

EINERSEITS IST ER EIN FROMMER KORANSCHÜLER ...
... ANDERERSEITS ABER EIN UNGESTÜMER STRASSENJUNGE.
NACH DEM KORANUNTERRICHT LÄUFT ER AUF DIE GASSE, RAUFT MIT FREUNDEN IN STAUB UND SCHMUTZ,
... SPIELT FUSSBALL,
... KLAUT MAULBEEREN AUS NACHBARS GARTEN,
... WIRD AB UND ZU ERWISCHT UND BEZIEHT PRÜGEL,
... ZANKT SICH HÄUFIG,
... KOMMT BLUTEND,
... VERSCHWITZT
... UND VERDRECKT NACH HAUSE.

MITUNTER ERWARTET DER VATER IHN WÜTEND AM FENSTER, WENN ER HEIMKOMMT.
MIT WEICHEN KNIEN TRITT ER EIN,
WEISS SCHON, WAS IHM BLÜHT.

KAPITÄN AHMET IST EIN STRENGER CHOLERIKER. DIE KINDER SOLLEN LERNEN UND ETWAS AUS SICH MACHEN, SIE MÜSSEN FRÜH ZU HAUSE SEIN, DÜRFEN SICH NICHT PRÜGELN, NICHT MOTZEN. BRECHEN SIE EINE REGEL, BRAUST ER AUF, OFT MÜNDET SEIN ZORN IN GEWALT. EINES TAGES BESCHWERT SICH DIE NACHBARIN MÜSERREF, DER KLEINE TAYYIP FLUCHE DRAUSSEN HERUM, DA BEKOMMT DER JUNGE DIE WUT SEINES VATERS ZU SPÜREN.

NACH DEN PRÜGELN SUCHT TAYYIP DIE NÄHE SEINES VATERS, UM IHN ZU BESÄNFTIGEN.
ES KOMMT VOR, DASS ER IHM DIE SCHUHE KÜSST, UM VERZEIHUNG ZU ERFLEHEN.
VOM VATER ERBT TAYYIP DIE DISZIPLIN, DIE IHN ZUM ERFOLG FÜHREN WIRD, ABER AUCH DIE MANCHMAL UNKONTROLLIERT AUSBRECHENDE WUT.

17. SEPTEMBER 1961
IM JAHR 1960 STÜRZT DAS MILITÄR PREMIER ADNAN MENDERES UND ÜBERNIMMT DIE MACHT. NACH EINEM KURZEN PROZESS AUF DER INSEL YASSIADA WIRD DER POLITIKER, DEN KAPITÄN AHMET BEWUNDERT, GEHÄNGT.
KAPITÄN AHMET BELIEFERT DIE INSEL MIT WASSER.
DAS FOTO DES GESTÜRZTEN MINISTERPRÄSIDENTEN AM GALGEN LÖST IN DER TÜRKEI EIN TRAUMA AUS, AUCH BEI FAMILIE ERDOGAN.
ALS ERDOGAN JAHRE SPÄTER IN DIE POLITIK GEHT, SAGT ER: „WIR HABEN UNS MIT UNSEREM LEICHENTUCH AUF DEN WEG GEMACHT."

DAMALS BESUCHT TAYYIP DIE GRUNDSCHULE IM ISTANBULER STADTTEIL KASIMPASA.
ER IST EIN SCHLECHTER SCHÜLER, KAUM EIN FACH LIEGT IHM ...
... AUSSER SPORT.
IN DEN PAUSEN KNÜLLT ER PAPIER ZU EINEM BALL ...
... UND SPIELT FUSSBALL,
... ER LÄUFT MIT EINEM LOCH IM SCHUH DEN WEITEN WEG NACH HAUSE.

TAYYIPS SCHICKSAL WENDET SICH, ALS DER RELIGIONSLEHRER IHN IN DER FÜNFTEN KLASSE AUFFORDERT, VOR DER KLASSE ZU BETEN.
ABER IN DER ZEITUNG SIND FOTOS, DARAUF DARF MAN NICHT BETEN!
DU HAST RECHT, JUNGE. LEGEN WIR EINEN GEBETSTEPPICH HIN.

DU BIST EIN KLUGER JUNGE.
DRÜBEN GIBT ES EINE GUTE SCHULE. DIE SOLLTEST DU NACH DER GRUNDSCHULE BESUCHEN.

DIE SCHULE AUF DER ASIATISCHEN SEITE IST EIN IMAM-HATIP-GYMNASIUM. SIE WURDE GEGRÜNDET, UM GEISTLICHE IM GEIST DER REPUBLIK AUSZUBILDEN. LANGE WAREN DIESE SCHULEN AUS SCHÜLERMANGEL GESCHLOSSEN. SIE WURDEN VON KONSERVATIVEN WIEDERERÖFFNET, DIE NACH DEN ERSTEN FREIEN WAHLEN AN DIE MACHT KAMEN.
İMAM HATİP
1966
TAYYIP IST INTERNATSSCHÜLER AN EINER DER PREDIGERSCHULEN.
DAMALS WERDEN IMAM-HATIP-SCHÜLER ALS „LEICHENWÄSCHER“ VERACHTET.

30 JAHRE SPÄTER WERDEN SIE
DIE REGIERUNG ÜBERNEHMEN.

FÜNF LIRA TASCHENGELD IN DER WOCHE SIND NIE GENUG.
TAYYIP FÄNGT ALS STRASSENHÄNDLER AN. ABENDS HOLT ER ALTBACKENE SIMIT-SESAMKRINGEL BILLIG VOM BÄCKER, DIE MUTTER MACHT SIE NACHTS ÜBER WASSERDAMPF WIEDER FRISCH, MORGENS VERKAUFT ER SIE ZUM HALBEN PREIS.
SIMIT FÜNF KURUSCH!
WASSER FÜR DICH, ABI?
POSTKARTEN, POSTKARTEN!

HAB ICH NICHT ‚HALT DEN MUND‘ GESAGT?
IN DER SCHULE WIRD UNGEHORSAM STRENG BESTRAFT.
ABER, HERR LEHRER ...
DIE ZÜCHTIGUNG DURCH DIE LEHRER IN DER SCHULE
... KOMMT ZUR GEWALT DES VATERS DAHEIM HINZU.

WENN DAS LEBEN EINEN ÜBERALL BELASTET, ÖFFNET ES MANCHMAL AUCH UNVERHOFFTE AUSWEGE ...
FÜR TAYYIP IST DAS ...
... FUSSBALL.
MIT 13 ENTDECKT ER AUF DEM BOLZPLATZ DIE LIEBE ZUM BALL.
... UND LÄSST NICHT MEHR DAVON AB.

ER TRÄUMT VON FUSSBALL. SEIN GRÖSSTER TRAUM SIND EIN PAAR ADIDAS-STOLLEN.
DOCH ER MUSS HEIMLICH SPIELEN, UND WENN ER HEIMKOMMT, MIT RAMPONIERTEN SCHUHEN,
... MUSS ER DIE WUNDEN KNIE VERBERGEN.
WIESO GEHST DU SO FRÜH SCHLAFEN, JUNGE?
ÄH ... ICH BIN MÜDE, PAPA ...

ER IST GROSS
UND SCHNELL
UND EHRGEIZIG.
1969 WECHSELT ER VON DEN AMATEURTEAMS IM VIERTEL ZUM CLUB CAMIALTI SPOR. ER IST 15 UND BEKOMMT 1.000 LIRA FÜR DEN TRANSFER. IM GELB-WEISSEN TRIKOT HAT ER ES GESCHAFFT, GELD MIT DEM RUNDEN LEDER ZU VERDIENEN.
IM SELBEN JAHR WIRD ER FÜR DIE JUGENDAUSWAHL VON ISTANBUL AUFGESTELLT.
ALS NÄCHSTES STEHT DIE TÜRKEI-AUSWAHL AN.

DAFÜR ABER BRAUCHT ER DIE ERLAUBNIS DER ELTERN.

EIN ONKEL SETZT SICH FÜR IHN EIN.
KAPITÄN, DER JUNGE HAT EINE FUSSBALLERKARRIERE VOR SICH, ERLAUB IHM DOCH ZU SPIELEN!
WAS REDEST DU DA, SCHWAGER, HAB ICH IHN ZUR SCHULE GESCHICKT, DAMIT ER FUSSBALLER WIRD?

SEIN GRÖSSTER TRAUM IST ZERPLATZT.
OBENDREIN HAT DER VATER ERFAHREN, DASS ER HEIMLICH FUSSBALL SPIELT,
... UND IST AUF 180.
AM ENDE ABER ...
... ERLAUBT IHM KAPITÄN AHMET ZU SPIELEN, WENN ER DIE SCHULE NICHT VERNACHLÄSSIGT. DER VATER KOMMT ABER NIE ZU EINEM SPIEL.
IM GEGENZUG STRENGT TAYYIP SICH AN,
... IN DER SCHULE,
... BEIM FUSSBALL
... UND HÄLT SICH GETREULICH AN DAS GEBET UND SEIN ZUHAUSE.
açık
KOMM MIT, TAYYIP!
NEIN, ICH SPRECHE DAS NACHTGEBET UND GEHE HEIM.

1968–1976
DIE SAAT
Erste Schritte in der Politik

* 6. FLOTTE RAUS

* BLUTIGER SONNTAG

*NACH MOSKAU MIT DEN KOMMUNISTEN!

* EINER TOT, TAUSEND STEHEN AUF!

DER TOD DES FREUNDES TRIFFT TAYYIP SCHWER. DER ERSTE VERLUST, DER ERSTE SCHMERZ. GLEICH AM ANFANG LERNT ER DAS BLUTIGE ANTLITZ DER POLITIK KENNEN. DOCH DER SCHMERZ SCHRECKT IHN NICHT AB, PEITSCHT IHN VIELMEHR AUF. UND ER FINDET SICH IN EINER ZORNIGEN MENGE WIEDER.
VIELE, MIT DENEN ER AUF DER BEERDIGUNG IST, WERDEN 30 JAHRE SPÄTER POLITISCHE WEGGEFÄHRTEN SEIN.
DARUNTER: ABDULLAH GÜL, İSMAİL KAHRAMAN, MEHMET ALİ SAHIN, ALİ COSKUN, ABDÜLKADIR AKSU, CEMİL CİCEK ...
MUSTAFA BİLGİ

EINIGE NATIONALE UND INTERNATIONALE EREIGNISSE UND POLITIKER VON DAMALS PRÄGEN ERDOGANS GEDANKENWELT.
ZUM BEISPIEL DER POLITIKER NECMETTIN ERBAKAN. EIN MASCHINENBAUINGENIEUR, DER IN AACHEN PROMOVIERT HAT UND JETZT PRÄSIDENT DES TÜRKISCHEN KAMMER- UND BÖRSENVERBANDS IST.
ERDOGAN HÖRT IHN ZUM ERSTEN MAL ENDE DER 60ER AUF DER ISLAM- UND WISSENSCHAFTSKONFERENZ SPRECHEN UND IST BEEINDRUCKT.
60 PROZENT DER GRUNDLAGEN FÜR DIE HEUTIGE MATHEMATIK, ALGEBRA, PHYSIK, CHEMIE, ASTRONOMIE, MEDIZIN, RAKETEN- UND WELTRAUMWISSENSCHAFTEN WURDEN VON ISLAMISCHEN GELEHRTEN, UNSEREN AHNEN, GELEGT.
ERBAKAN ERZÄHLT DER FROMMEN JUGEND, DIE SICH DEM WESTEN UNTERLEGEN FÜHLT, VOM BEITRAG DER MUSLIME ZUR WISSENSCHAFT, LEHNT DIE EUROPÄISCHE WIRTSCHAFTSGEMEINSCHAFT AB, TRITT FÜR DIE EINHEIT DES ISLAM EIN.

KAIRO
60ER-JAHRE
SEIT EINER WEILE WEHT IN DER TÜRKEI WIE IN DER GESAMTEN ISLAMISCHEN WELT EIN GEGEN DEN WESTEN UND DEN LAIZISMUS GERICHTETER WIND.
HASAN AL-BANNA
GRÜNDETE DIE MUSLIMBRÜDER, DIE GROSSE ISLAMISTISCHE BEWEGUNG DER ARABISCHEN WELT.
„DURCH DEN EINFLUSS DES WESTENS HAT DIE ISLAMISCHE WELT IHRE VORHERRSCHAFT VERLOREN", LAUTET SEINE THESE, ER WOLLTE IN ÄGYPTEN EINEN ISLAMISCHEN STAAT ERRICHTEN.
ER KAM BEI EINEM ANSCHLAG IN KAIRO UMS LEBEN. DOCH SEINE SCHRIFTEN GEHEN IN DER ISLAMISCHEN WELT, AUCH IN DER TÜRKEI, VON HAND ZU HAND.
حسن البنا
HaSan ElBenna
Hasan Al Banna

SAYYID QUTB
EIN THEORETIKER DERSELBEN ORGANISATION, TRITT FÜR EINE GESELLSCHAFTSORDNUNG AUF ISLAMISCHER BASIS EIN. SEINE VERTEIDIGUNG VOR DER HINRICHTUNG WIRD UNTER ISLAMISTEN ZUR LEGENDE WERDEN.
ICH ENTSCHULDIGE MICH FÜR NICHTS, WAS ICH AUF DEM WEG ALLAHS TAT. MEIN FINGER, DER DIE EINHEIT ALLAHS BEZEUGT, WIRD NIE EINEN BUCHSTABEN ZUR LEGITIMIERUNG DER HERRSCHAFT DER GÖTZEN SCHREIBEN.
ES HÖRE UND WISSE EIN JEDER, DIESE TATSACHE IST NICHT ZU VERBERGEN, BLATT FÜR BLATT, BLÜTE FÜR BLÜTE SCHREIBEN WIR: ‚DER ISLAM IST DER EINZIGE WEG.‘
JENER ZEIGEFINGER WIRD ZUM SYMBOL VON ERBAKANS PARTEI WERDEN, WENN ER VIER JAHRE SPÄTER IN DIE POLITIK GEHT.
MNP

1971
MILLI NIZAM, DIE NATIONALE ORDNUNG, IST DIE ERSTE PARTEI DES POLITISCHEN ISLAM IN DER TÜRKEI. EIN JAHR NACH IHRER GRÜNDUNG WIRD SIE WEGEN ANTILAIZISTISCHER AKTIONEN VERBOTEN, DOCH DIE SAAT, DIE SIE IN DER JUGEND GESÄT HAT, SOLL IN DER ZUKUNFT AUFGEHEN.
AUFGRUND VON ERBAKANS REDEN UND TATEN GEGEN DIE LAIZISTISCHE STAATSORDNUNG IST SEINE PARTEI ZU VERBIETEN.
ES IST MIR EINE EHRE, VOR DEM HÖCHSTEN GERICHT FÜR DIE SACHE DER NATIONALEN ORDNUNG EINZUTRETEN.

DIE 68ER-REBELLION WIRD 1971 DURCH EINEN MILITÄRPUTSCH BEENDET.
DENIZ GEZMIS UND ZWEI GENOSSEN WERDEN HINGERICHTET.
HOCH DIE UNABHÄNGIGE TÜRKEI! ES LEBE DIE ERHABENE IDEOLOGIE DES MARXISMUS-LENINISMUS! ES LEBE DER BEFREIUNGSKAMPF DER TÜRKISCHEN UND KURDISCHEN VÖLKER! HOCH DIE ARBEITER UND BAUERN! NIEDER MIT DEM IMPERIALISMUS!

NACH DEM STURZ DER REGIERUNG WEISS DAS MILITÄR, WIE EIN SIEGESZUG DES KOMMUNISMUS ZU VERHINDERN IST: NEBEN DER HEXENJAGD AUF JUNGE LINKE
... SOLLEN JUNGE RECHTE IN DIE MOSCHEEN GEHEN.

IN DIE MOSCHEE GEHEN NUR DIE ALTEN. NICHT DIE JUNGEN. UNTERSTÜTZEN WIR DIE JUGEND BEI DER AUSBILDUNG UND BAUEN WIR WOHNHEIME FÜR SIE. SCHAFFEN WIR EINE ‚GOLDENE GENERATION'.
ZU DIESER ZEIT BEGINNT EIN 30-JÄHRIGER IMAM, DER SICH MIT VEREINEN IM KAMPF GEGEN DEN KOMMUNISMUS ENGAGIERT, „LICHTHÄUSER" UND SCHULEN FÜR SCHÜLER UND STUDENTEN AUFZUMACHEN, DIE KEINE GEEIGNETEN WOHNHEIME FINDEN.
ER HEISST FETHULLAH GÜLEN.
ZUR SELBEN ZEIT HOLT DAS MILITÄR ERBAKAN IN DIE POLITIK ZURÜCK, DAMIT ER DEN KAMPF GEGEN DEN KOMMUNISMUS UNTERSTÜTZT. NACH DEM VERBOT SEINER PARTEI GING ER NACH SCHWEDEN, NUN KOMMT ER HEIM. MIT SEINER NEU GEGRÜNDETEN NATIONALEN HEILSPARTEI HOLT ER GLEICH 1973 BEI DEN WAHLEN ELF PROZENT UND WIRD KOALITIONSPARTNER.

70ER-JAHRE, AFGHANISTAN
DIE POLITIK ANKARAS IN DEN 70ERN, ISLAMISTEN GEGEN DEN AUFSTIEG DER LINKEN EINZUSETZEN, STEHT IM EINKLANG MIT DEM DAMALS VON DEN USA AUFGELEGTEN PROJEKT „GRÜNER GÜRTEL“. ES SIEHT VOR, DEN ISLAM IM KAMPF GEGEN DEN KOMMUNISMUS ZU INSTRUMENTALISIEREN.
DIE USA UND DIE TÜRKEI GIESSEN WASSER AUF DIE MÜHLEN DES POLITISCHEN ISLAM, DER SCHON BALD DIE WELT ERSCHÜTTERN WIRD. DIE DAMALS GESTREUTE SAAT SOLL SEHR BALD MÄNNER WIE BIN LADEN HERVORBRINGEN.

‚BEHINDERT DER ISLAM DEN FORTSCHRITT?' DIESE FRAGE HAT UNS DIE REPUBLIK BEHARRLICH VORGELEGT. UMGEKEHRT: DER ISLAM BEHINDERT KEINESWEGS DEN FORTSCHRITT, ER IST DER EIGENTLICHE GRUND FÜR ENTWICKLUNG.
ALS ERDOGAN MIT 18 IN DIE POLITIK GEHT, FINDET ER SICH IN DIESEM KLIMA WIEDER. ER IST INZWISCHEN SEKUNDARSCHÜLERVERTRETER DES TÜRKISCHEN STUDENTENVERBANDS. ER FÄLLT ALS VERTRETER SEINES GYMNASIUMS BEI INTERSCHULISCHEN DEBATTEN AUF.
DIESE DEBATTEN LEHREN IHN, VOR GRÖSSEREN MENGEN ZU REDEN UND GEGEN ANDERSDENKENDE ZU ARGUMENTIEREN.
‚MINARETTE UNSERE BAJONETTE, KUPPELN UNSERE HELME, MOSCHEEN UNSERE KASERNEN, DIE GLÄUBIGEN UNSERE SOLDATEN, DIESE GÖTTLICHE ARMEE IST BEREIT, GOTT IST GROSS, GOTT IST GROSS.'
BESONDEREN RUHM TRÄGT IHM IN DER SCHULE SEIN TALENT ZUR GEDICHTREZITATION EIN. ER IST BEKANNT DAFÜR, BEI VERANSTALTUNGEN DER IMAM-HATIP-SCHÜLER AUSWENDIG GEDICHTE VORZUTRAGEN.
DAS TALENT BRINGT IHM ALS SCHÜLER DER ABITURKLASSE IM GEDICHTWETTBEWERB EINER ZEITUNG DEN ERSTEN PREIS, MIT DEM PREISGELD ERSTEHT ER SEIN ERSTES BÜCHERREGAL.
DAS VORGETRAGENE GEDICHT WIRD IHN 25 JAHRE SPÄTER INS GEFÄNGNIS BRINGEN.

1973 MACHT TAYYIP ABITUR.
DIE SEITE MIT SEINEM FOTO IM ABSOLVENTENJAHRBUCH IST IN FORM EINER GLÜHBIRNE GESTALTET, DEM SYMBOL DER PARTEI, DIE ER SPÄTER GRÜNDEN WIRD.
DAMALS SIND IMAM-HATIP-ABSOLVENTEN NICHT DIREKT ZUM STUDIUM ZUGELASSEN. WIE VIELE ANDERE IMAM-HATIP-SCHÜLER AUCH MUSS DER JUNGE TAYYIP AUF EINEM ANDEREN GYMNASIUM BESTIMMTE PRÜFUNGEN ABLEGEN, UM STUDIEREN ZU KÖNNEN.

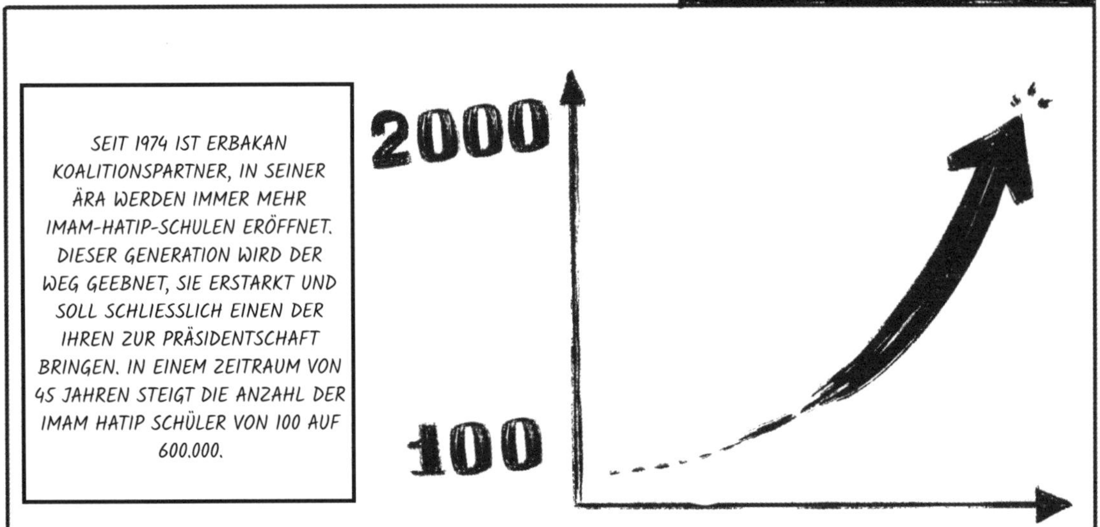
SEIT 1974 IST ERBAKAN KOALITIONSPARTNER, IN SEINER ÄRA WERDEN IMMER MEHR IMAM-HATIP-SCHULEN ERÖFFNET. DIESER GENERATION WIRD DER WEG GEEBNET, SIE ERSTARKT UND SOLL SCHLIESSLICH EINEN DER IHREN ZUR PRÄSIDENTSCHAFT BRINGEN. IN EINEM ZEITRAUM VON 45 JAHREN STEIGT DIE ANZAHL DER IMAM HATIP SCHÜLER VON 100 AUF 600.000.
2000
100

EINE GROSSE ENTTÄUSCHUNG EREILT TAYYIP, ALS ER DIE ERGEBNISSE DER HOCHSCHULZULASSUNGSPRÜFUNG ERFÄHRT.
ABER ICH WOLLTE DOCH POLITIKWISSENSCHAFTEN STUDIEREN.
SEINE PUNKTZAHL REICHT NUR FÜR DIE BESCHEIDENE AKADEMIE DER HANDELSWISSENSCHAFTEN AN DER MARMARA-UNIVERSITÄT. MISSMUTIG SCHREIBT ER SICH EIN.
DIE POLITIK, VON DER ER TRÄUMT, SOLLTE ER NICHT IN DER THEORIE, SONDERN IN DER PRAXIS LERNEN.
MUSTAFA BİLGİ
ONKEL AYHAN, ICH STUDIERE JETZT, ABER ICH BRAUCHE EINEN JOB. WENN IHR MICH BEI İETT NEHMT, SPIEL ICH IN EURER MANNSCHAFT UND ARBEITE IM UNTERNEHMEN.
DER NACHBAR AUS DEM VIERTEL IST KAPITÄN DER FUSSBALLMANNSCHAFT DES ISTANBULER BUS- UND STRASSENBAHNUNTERNEHMENS İETT. DAS TEAM BRAUCHT EINEN GROSS GEWACHSENEN SPIELER. DOCH WAS WIRD DER VATER SAGEN?

DAS WÄRE FANTASTISCH FÜR EUREN SOHN ...
WENN ER FUSSBALL SPIELT, WIRD ER EIN HERUMTREIBER.
ENDLICH IST VATER AHMET ÜBERZEUGT. DENN FUSSBALL WIRD DEM SOHN ARBEIT UND EINKOMMEN SICHERN.
WIR KÜMMERN UNS UM IHN, ALS WÄRE ER UNSER EIGENER SOHN. ER STUDIERT, SPIELT BEI İETT UND ARBEITET GEGEN LOHN.
SO GELINGT TAYYIPS TRANSFER ZUM İETT-TEAM, WO ER SIEBEN JAHRE LANG SPIELEN WIRD.
İETT

ENDLICH HAT ER DIE ADIDAS-STOLLEN, VON DENEN ER SEIT SEINER KINDHEIT GETRÄUMT HAT.
GLEICH BEIM ERSTEN TRAINING PRÄSENTIERT ER SEINE FÜHRUNGSQUALITÄTEN.
GEGENSPIELER BEKÄMPFT ER ERBITTERT, NIE GIBT ER AUF.
AUF HARTEM BODEN GIBT ER ALLES,
... SPIELT AUCH MIT GEPLATZTER BRAUE WEITER, SO EHRGEIZIG IST ER.
ER RESPEKTIERT DIE ANWEISUNGEN DES TRAINERS. NUR NIEDERLAGEN KANN ER NICHT VERWINDEN.
iETT
KASSIERT SEINE MANNSCHAFT EIN TOR, BALLT ER WÜTEND DIE FÄUSTE, UNTERLIEGEN SIE, IGELT ER SICH EIN.

DER TECHNISCHE LEITER IST EIN FROMMER MANN.
VOR SPIELEN FÜHRT ER DAS TEAM HÄUFIG ZUM GEBET ZUR EEYÜP-SULTAN-MOSCHEE.

HIER BETET ERDOGAN, ANSCHLIESSEND GEHT ER INS SPIEL.

SEINE GUTEN PÄSSE TRAGEN IHM DEN SPITZNAMEN „BECKENBAUER“ EIN.
BECKENBAUER
WEGEN SEINER GRÖSSE WIRD ER ALS STÜRMER EINGESETZT, DOCH DAS LIEGT IHM NICHT.

IN DER ERSTEN SAISON IM NEUEN VEREIN SCHIESST ER NUR ZWEI TORE.
IN DER FOLGESAISON NUR EINS ...
IN DER SAISON DANACH KEIN EINZIGES ...
MANCHE MEINEN, DASS MAN IHN BEI İETT BEHÄLT, VERDANKT ER WENIGER SEINER LEISTUNG ALS VIELMEHR DER SOLIDARITÄT DER KONSERVATIVEN IM TEAM.
İETT
DIE SOLIDARITÄT VERHILFT IHM AUCH ZUM JOB.

ZÄHLEN SIE DIE NACHBARLÄNDER DER TÜRKEI AUF!
IM NORDEN RUSSLAND, IM OSTEN IRAN UND IRAK, IM SÜDEN SYRIEN, IM WESTEN GRIECHENLAND UND BULGARIEN.
WELCHE HIMMELSRICHTUNGEN GIBT ES? BITTE AUFZÄHLEN.
ES GIBT VIER HAUPTRICHTUNGEN: NORD, SÜD, OST, WEST. DAZU KOMMEN NOCH DIE NEBENHIMMELSRICHTUNGEN NORDOST, NORDWEST, SÜDOST UND SÜDWEST.
DIE MÜNDLICHE UND SCHRIFTLICHE AUFNAHMEPRÜFUNG FÜR ANGESTELLTE BESTEHT ERDOGAN MIT JE 100 PUNKTEN. DIE FRAGEN SIND SIMPEL.

IM SOMMER 1974 TRITT ER BEI İETT, IN DEREN TEAM ER SCHON SPIELT, DEN DIENST AN.
İETT

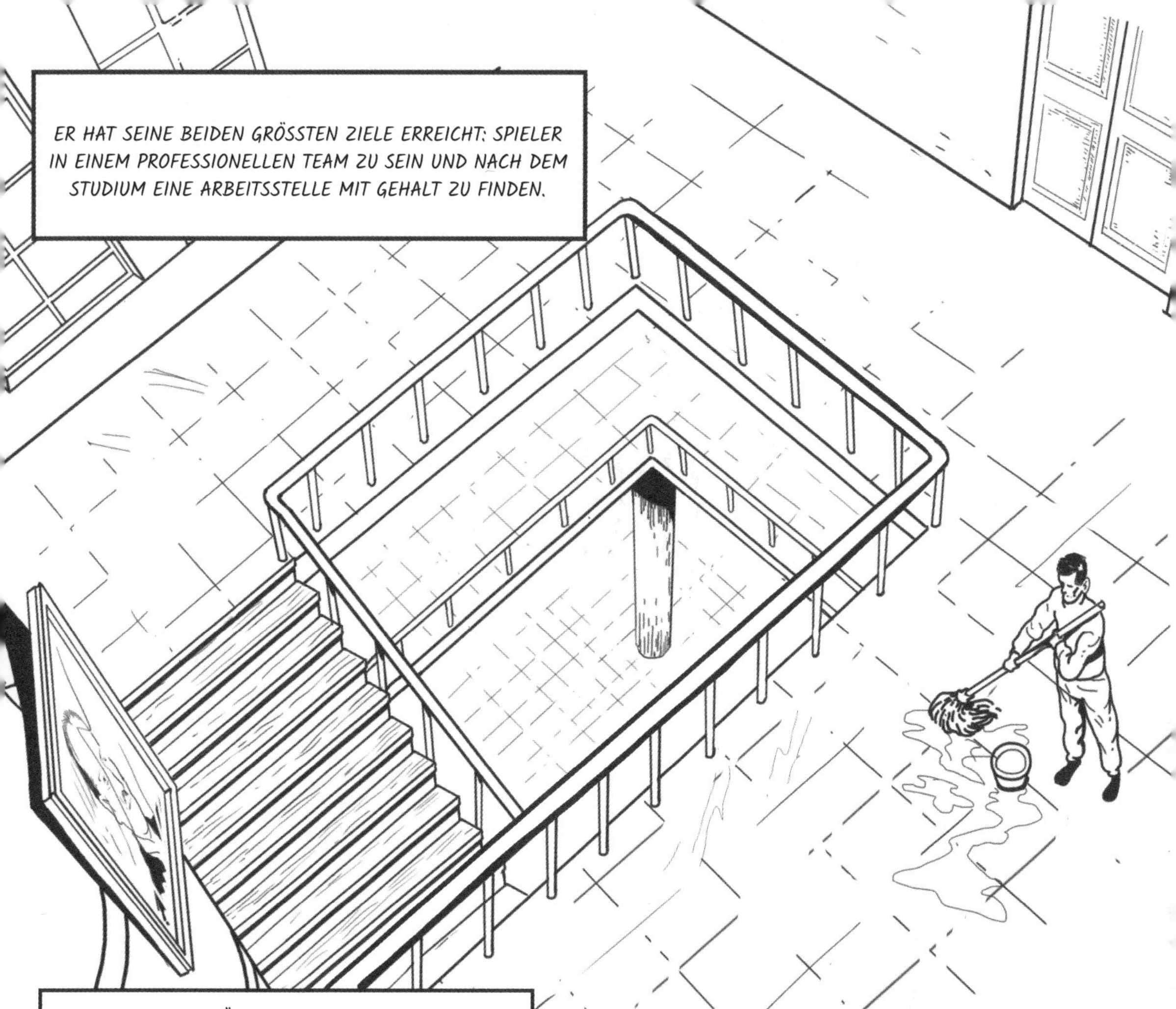
ER HAT SEINE BEIDEN GRÖSSTEN ZIELE ERREICHT: SPIELER IN EINEM PROFESSIONELLEN TEAM ZU SEIN UND NACH DEM STUDIUM EINE ARBEITSSTELLE MIT GEHALT ZU FINDEN.

ER IST FÜR DIE REINIGUNG UND HAUSMEISTERARBEITEN ZUSTÄNDIG. ER IST GLÜCKLICH.
20 JAHRE SPÄTER WIRD ER IN DIE KOMMUNE ALS BÜRGERMEISTER ZURÜCKKEHREN.

SEIN AUFSTIEG IN DER POLITIK BEGINNT IN DER DAMALS MITREGIERENDEN NATIONALEN HEILSPARTEI MSP.
ALS ERBAKAN VIZEPREMIER WIRD, BEKOMMEN DIE ISLAMISTEN, DIE MAN JAHRELANG VON DER MACHT FERNGEHALTEN HAT, IHRE CHANCE.

1975 ÜBERNIMMT ERDOGAN DEN IHM ANGEBOTENEN VORSITZ DER JUGENDORGANISATION DES MSP-KREISES BEYOGLU. NUN IST ER GEFOLGSMANN DES POLITIKERS, DESSEN REDEN ER FÜNF JAHRE ZUVOR BEWUNDERT HATTE.

ER IST EIN 20-JÄHRIGER STUDENT,
... KAPITÄN SEINER FUSSBALLMANNSCHAFT
ETT
... UND VORSITZENDER DER KREISJUGEND.
MSP
ZUM ERSTEN MAL IST ER IN EINER FÜHRUNGSPOSITION. ENERGIE UND EHRGEIZ HABEN SICH MIT CHANCE UND STÄRKE VEREINT. ERSTMALS TRÄGT ER DAS GEWAND DER MACHT, ES IST DER ERSTE TEST DAFÜR, OB ER AUS FÜHRUNGSSTOFF GEMACHT IST.

ER IST EIN GUTER REDNER. SPRICHT ER, HÖRT MAN IHM ZU. DOCH ER MUSS BESSER WERDEN, DER BESTE. ZU HAUSE VOR DEM SPIEGEL ÜBT ER EFFEKTVOLLES REDEN.
WAS, WENN ER AUF PLÄTZEN REDEN MUSS?
AUCH DAFÜR FINDET ER EINEN WEG.
AUF DEM HEIMWEG VON DER UNI BESTEIGT ER AM UFER DES GOLDENEN HORNS EIN VERLASSENES SCHIFF, KLETTERT AUFS DECK UND RICHTET SICH AN DIE WELLEN, ALS SPRÄCHE ER ZU DEN MASSEN:
ESSELAMÜ ALEYKÜM ... BRÜDER IM GLAUBENSKAMPF, DEREN HERZ EUPHORISCH FÜR DIE GROSSE KÜNFTIGE ISLAMISCHE EROBERUNG SCHLÄGT! EUER WEG SEI SO FREI WIE EURE STIRN!

1976
SCHLIESSLICH STEHT DER TAG BEVOR, AN DEM ER REDEN SOLL: DIE WAHL ZUM VORSITZENDEN DER PARTEIJUGEND AUF PROVINZEBENE. RECEP TAYYIP ERDOGAN IST EINER VON ZWEI KANDIDATEN.
DIE PARTEIZENTRALE HATTE SICH BEREITS FÜR DEN ANDEREN KANDIDATEN ENTSCHIEDEN. DER KONGRESS SOLLTE REINE FORMALITÄT SEIN. DOCH SIE HABEN ETWAS AUSSER ACHT GELASSEN:
ERDOGANS STURHEIT …
MICH INTERESSIERT NICHT, WEN DIE PARTEIZENTRALE WILL. DER WILLE DER DELEGIERTEN LÄSST SICH NICHT VERPFÄNDEN. ICH ZIEHE MICH NICHT ZURÜCK. MORGEN ERWARTE ICH EURE UNTERSTÜTZUNG.
AM ABEND VOR DEM KONGRESS RUFT ER ALLE STELLEN AN UND FORDERT SIE AUF, SICH GEGEN DAS DIKTAT DER ZENTRALE ZU WEHREN. SO KURZ VOR DEM MANDAT WIRD ER NICHT DARAUF VERZICHTEN.

* NATIONALE HEILSPARTEI

ZWEI AN DER SAALTÜR POSTIERTE BULLIGE ORDNER SORTIEREN DIE GEGNERISCHEN DELEGIERTEN AUS.
EIN DOYEN, DER ERDOGAN UNTERSTÜTZT, WIRD ZUM KONGRESSVORSITZENDEN GEWÄHLT.
ALS DIE STIMMEN AUSGEZÄHLT WERDEN ...
... LÄSST EINER AUS ERDOGANS TEAM 22 STIMMEN FÜR DEN GEGENKANDIDATEN IN DER TASCHE VERSCHWINDEN.
UND ERDOGAN WIRD MIT ZWEI STIMMEN VORSPRUNG ZUM VORSITZENDEN DER ISTANBULER PARTEIJUGEND GEWÄHLT.

DIE KREUZRITTERMENTALITÄT VON GESTERN STEHT HEUTE ALS IWF, OECD UND EWG VOR UNS ...
DIE JUGEND IST DER UNTREUE, DEM ALKOHOL, DER ANARCHIE VERFALLEN,
... DENN SIE WEISS NICHTS VOM ISLAM.
JETZT IST ER DER „GLAUBENSKÄMPFER ERDOGAN".
MSP
IHR SEID DIE SOLDATEN DIESER EROBERUNGSBEWEGUNG.
SEINE AUFGABE IST ES, DER JUGEND, DIE SICH IHM ZUKEHRT, DEN RUF DES ISLAM ZUM DSCHIHAD ZU VERKÜNDEN. DAZU LÄUFT ER FORTAN IN JEDEM VIERTEL VON TÜR ZU TÜR, ERKLÄRT DEN IN LINKE UND RECHTE GESPALTENEN JUNGEN LEUTEN DEN ISLAM UND KLEBT NACHTS PLAKATE FÜR DIE PARTEI.
MSP

BEVOR DU DAS SCHWERT DEM FEIND IN DEN NACKEN SCHLÄGST ...
IST ER NICHT FÜR DIE PARTEI TÄTIG, KÜMMERT ER SICH UM STUDIUM UND FUSSBALL, SONNTAGS ABER BESUCHT ER DIE GESPRÄCHE IM – OFFIZIELL GESCHLOSSENEN – KONVENT DES NAQSCHBANDIYA-ORDENS.
... SCHLAG ES DEINEM EIGENEN BEGEHREN IN DEN NACKEN,
DIE VERBINDUNG ZU DIESEM ORDEN HAT VIELEN SEINER VORGÄNGER, INSBESONDERE ERBAKAN, ZAHLREICHE TÜREN GEÖFFNET. NUN IST DIE REIHE AN ERDOGAN.
... DAMIT ES DICH NICHT AUF DEN WEG DER SÜNDE UND DES BÖSEN FÜHRE ...

DIE POLITISCHEN KONFLIKTE ESKALIEREN, TÄGLICH GIBT ES BLUTBÄDER AUF DEN STRASSEN, BEI DENEN ETLICHE JUNGE LEUTE UMKOMMEN. MAN HÖRT DIE SCHÜSSE IN DEN HÄUSERN.
KEHRT TAYYIP ABENDS SPÄT HEIM, WARTET SEINE MUTTER AM FENSTER AUF IHN.
ACH JUNGE, ICH HAB MIR SOLCHE SORGEN GEMACHT. ÜBERALL SIND SCHÜSSE ZU HÖREN. TAUSEND ÄNGSTE HAB ICH AUSGESTANDEN.
MACH DIR KEINE SORGEN, MAMA, WIR HABEN NICHTS MIT DER ANARCHIE ZU TUN.

UM DIE PARTEIJUGEND VON DER STRASSE FERNZUHALTEN, STELLT MAN EINE THEATERTRUPPE AUF DIE BEINE. DEN UNTERRICHT LEITET DER BERÜHMTE THEATERMANN NEJAT UYGUR.
DIE THEATERGRUPPE TOURT DURCHS LAND, TRITT IN ANKARA SOGAR VOR ERBAKAN AUF.
DAS STÜCK HANDELT VOM DRAMA JUNGER LEUTE, DIE NACH EUROPA GEHEN, DORT KONVERTIEREN UND SICH IHRER KULTUR ENTFREMDEN. TAYYIP FÜHRT REGIE UND SPIELT AUCH DIE HAUPTROLLE.
IM STÜCK HEISST ER MASKOMYAH – DIE ERSTEN SILBEN DER DAMALIGEN FEINDBILDER MASON (FREIMAURER), KOMMUNISTEN UND YAHUDI (JUDEN).

1977–1979

SCHICKSAL

Ein Traum wird wahr

SCHAU MAL, TOCHTER, DIESEN MANN WIRST DU HEIRATEN.

EMINE STAMMT AUS EINER ARABISCHEN FAMILIE AUS SIIRT.
SIE WUCHS IN KONSERVATIVEN KREISEN AUF, HATTE ABER MODERNE FREUNDINNEN.
Siirt
SIE LAS FOTOROMANE,
FOTOROMAN
... ZOG SICH GERN SCHICK AN,
... HÖRTE WESTLICHE MUSIK.
ALS SIE MIT 15 DIE MITTELSCHULE ABSCHLOSS, DRÄNGTEN IHRE ÄLTEREN BRÜDER SIE, KOPFTUCH ZU TRAGEN. EMINE WEHRTE SICH,
... GRÄMTE SICH UND WEINTE, DACHTE SOGAR AN SELBSTMORD. SIE KONNTE SICH NICHT DURCHSETZEN.
MIT 16 VERHÜLLTE SIE IHREN KOPF. ZU HAUSE NÄHTE SIE UND LAS GEDICHTE DES NATIONALISTISCH-ISLAMISTISCHEN DICHTERS NECIP FAZIL KISAKÜREK.

MIT 21 TRAT SIE DEM IDEALISTISCHEN FRAUENVEREIN BEI, UM GESELLSCHAFT ZU HABEN.
Şule
GEGRÜNDET HAT DEN MIT DER MSP VERBUNDENEN VEREIN DIE ISLAMISTISCHE JOURNALISTIN SULE YÜKSEL SENLER.
1977
NACHBARIN SULE NIMMT EMINE ZU EINER VERSAMMLUNG DER MSP MIT. ALS EMINE DEN REDNER AM PULT SIEHT, WEISS SIE, DASS SICH IHR LEBEN ÄNDERN WIRD.

* DAS GEDICHT „MÜJDE“ (BOTSCHAFT) STAMMT VON NECIP FAZIL KISAKÜREK (1905 BIS 1983), EINEM ISLAMISTISCHEN VORDENKER.

SCHWESTER, IST DIE DAME BEI DIR EINE VERWANDTE?
SIE IST JEMAND, DEN ICH SEHR SCHÄTZE UND LIEBE WIE EINE SCHWESTER ...
DU WEISST, ICH GUCKE NIE NACH MÄDCHEN. ABER DIESE EINE ... DAS GEFÜHL HAB ICH WIRKLICH ZUM ERSTEN MAL.
SIE IST AUCH DIR GEGENÜBER NICHT GLEICHGÜLTIG. TOCHTER EINER FAMILIE AUS SIIRT. SOLL ICH EUCH BEKANNT MACHEN?
ACH, DAS WIRD MUTTER NICHT ERLAUBEN. SIE WILL EIN SCHWARZMEER-MÄDCHEN FÜR MICH.
ICH WEISS, WAS FÜR EIN MÄDCHEN SIE WILL. ABER DU HAST EINE GLÄNZENDE ZUKUNFT VOR DIR. EIN MÄDCHEN IM TSCHARSCHAF PASST NICHT DAZU. EMINE DAGEGEN IST GENAU DIE RICHTIGE ...

*ALLES ERINNERT MICH AN DICH.

SCHLIESSLICH WILLIGT MUTTER TENZILE NOTGEDRUNGEN IN DIE EHE EIN.
WIDERSTREBEND HALTEN VERMITTLER UM EMINES HAND AN. IHRE FAMILIE ZIEHT ERKUNDIGUNGEN ÜBER DEN BRÄUTIGAM EIN UND KOMMT ZU DEM SCHLUSS, ER SEI EINE GUTE PARTIE.

AUF BEFEHL GOTTES UND MIT ZUSTIMMUNG DES PROPHETEN BITTEN WIR UM EURE TOCHTER EMINE FÜR UNSEREN SOHN TAYYIP.
GOTT GEBE SEINEN SEGEN DAZU.
DIE FAMILIEN KOMMEN ÜBEREIN. NUN SOLL SICH DAS PAAR TREFFEN. NATÜRLICH UNTER AUFSICHT DER FAMILIEN.

* FAMILIENLOUNGE

4. JULI 1978
RUND EIN JAHR NACH DEM KENNENLERNEN HALTEN SIE HOCHZEIT.

EMINE KOMMT ALS BRAUT IN EINE 80-QM-WOHNUNG IN KASIMPASA. DIE SCHWIEGERELTERN WOHNEN GLEICH GEGENÜBER.
VON NUN AN WARTEN ABENDS ZWEI FRAUEN AM FENSTER AUF TAYYIP. ZWEI FRAUEN, DIE SCHLECHT MITEINANDER AUSKOMMEN.

AM ERSTEN HOCHZEITSTAG KOMMT DER ERSTE SOHN ZUR WELT. TAYYIP NENNT IHN NACH SEINEM VATER: AHMET BURAK.

1979–1989
VERSTELLEN
Glaube – Geduld – Dschihad

1. FEBRUAR 1979
AYATOLLAH CHOMEINI KEHRT AUS DEM PARISER EXIL IN DEN IRAN ZURÜCK.
DIREKT NEBEN DER TÜRKEI IST EINE MONARCHIE GESTÜRZT UND DURCH EINE ISLAMISCHE REPUBLIK ERSETZT WORDEN. DIESE WENDE, DIE WELLE FÜR WELLE IN DIE WELT EXPORTIERT WERDEN WIRD, IST SCHON BALD AUCH IN DER TÜRKEI ZU SPÜREN.
AIR FRA

ENDE 1979
SOWJETISCHE PANZER ROLLEN NACH AFGHANISTAN.
DORT SEHEN SICH DIE RUSSEN MIT „GLAUBENSKÄMPFERN“ KONFRONTIERT. DAMALS SIEHT NIEMAND VORAUS, DASS DIE INVASION ZU EINEM ZEHNJÄHRIGEN KRIEG, EINER MILLION TOTEN UND EINEM WETTKAMPF DER SUPERMÄCHTE FÜHREN WIRD.

*AFGHANEN SIND UNSERE BRÜDER, WIR OPFERN UNS FÜR SIE!

SICH DER POLIZEI ZU WIDERSETZEN FÄLLT SCHWER, DOCH ES GEHT NICHT ANDERS.
400 JUNGE LEUTE KNIEN ZUM GEBET NIEDER.
SIE BETEN VOR DEN VERBLÜFFTEN POLIZISTEN. DIE GEFAHR EINER KONFRONTATION IST GEBANNT, DIE BOTSCHAFT DES ISLAM VERKÜNDET.
NACH DEM GEBET WIRD ERDOGAN MIT SEINEN KAMERADEN VERHAFTET. ER MACHT SEINE ERSTE HAFTERFAHRUNG.

JAHRE SPÄTER BERICHTET ER VON SEINER ERSTEN ZEIT IM GEFÄNGNIS:
UNSERE ERSTE NACHT VERBRACHTEN WIR GRÖSSTENTEILS STEHEND AUF DEM KORRIDOR.
WIR HÄTTEN GAR NICHT SITZEN KÖNNEN, DENN DER BODEN WAR NASS.
ES GING GEGEN MITTERNACHT, WIR HATTEN NOCH NICHTS GEGESSEN.
ALS ES RUHIG WURDE, KAM EIN UNTEROFFIZIER ZU UNS. ER HATTE ALTES BROT GESAMMELT, SUPPE GEKOCHT UND RIEF UNS ZUM ESSEN. DAS WAR SO WAS VON WILLKOMMEN!

BALD DARAUF WIES MAN UNS SCHLAFPLÄTZE ZU. ALLE ROLLTEN SICH IRGENDWO ZUSAMMEN. WIR DÖSTEN GERADE EIN, DA WECKTE UNS EIN SCHREI.
OFFENBAR WURDE JEMAND MISSHANDELT. ERST DACHTEN WIR, EINER VON UNS. SPÄTER ERFUHREN WIR, DASS SIE DEN KORPORAL PRÜGELTEN, DER UNS GESPEIST HATTE: ‚WAS ERBARMST DU DICH DER ANARCHISTEN!‘
AHHHHHH
WIR WURDEN DANN IN DIE SELIMIYE-KASERNE ÜBERSTELLT. NACH EIN PAAR TAGEN WAR KLAR, DASS WIR UNS NICHTS GRÖSSERES HATTEN ZU SCHULDEN KOMMEN LASSEN, DIE MEISTEN WURDEN FREIGELASSEN.
DRAUSSEN VERSUCHTE ICH, KONTAKT ZU DEM UNTEROFFIZIER AUFZUNEHMEN, UM MIR SEINEN SEGEN ZU HOLEN. UNSERETWEGEN WAR ER MISSHANDELT WORDEN. ES WAR NICHT SCHWER, IHN AUFZUSPÜREN, EIN ALEVITISCHER BRUDER AUS ADANA. DIE VERBINDUNG IST NIE ABGEBROCHEN, WIR SEHEN UNS NOCH HEUTE AB UND ZU.

Şehidlerin defini me-
rasiminde zorla ihdas
edilen hadiseler sebebiyle
önce gözaltına alınıp, son-
ra'da Örfi İdare Mahkeme-
since serbest bırakılan
MSP Gençlik Kolları
Başkanı ve İslâmcı Genç-
liğin değerli liderlerinden:
TAYYIP ERDOGAN
AM TAG SEINER FREILASSUNG BERICHTEN DIE ZEITUNGEN VON „TAYYIP ERDOGAN, EINEM GESCHÄTZTEN ANFÜHRER DER ISLAMISTISCHEN JUGEND“.
ER IST RADIKALISIERT.
ER HÖRT JETZT AUF JENE, DIE SHORTS BEIM FUSSBALLSPIELEN ALS UNISLAMISCH ABLEHNEN.
NACH MODE DER ISLAMISTEN LÄSST ER SICH EINEN BART STEHEN. ER IST IM ABENDSTUDIUM OHNE ANWESENHEITSPFLICHT, SO BLEIBT ER OFT FERN. SO OFT, DASS IHN DIE DEBATTE DARÜBER, OB ER ÜBERHAUPT EINEN STUDIENABSCHLUSS HABE, SEIN LEBEN LANG BEGLEITEN WIRD. AUCH DIE MANNSCHAFT VERNACHLÄSSIGT ER, ER SCHIESST KEINE TORE, IST JETZT VERTEIDIGER.
ANFANG DER 80ER STEHEN ERDOGAN UND DER TÜRKEI SCHWERE JAHRE BEVOR.

ALS ERDOGAN IN ISTANBUL SEINEN ZWEITEN SOHN AUF DEN ARM NIMMT, BEGINNT IN ANKARA DER PROZESS GEGEN ERBAKAN.
VERHANDLUNG IN DER STRAFANSTALT MAMAK GEGEN NECMETTIN ERBAKAN UND 33 ANGEKLAGTE IM PROZESS GEGEN DIE NATIONALE HEILSPARTEI WEGEN ANTILAIZISTISCHER TATEN.
1980 ERGREIFT DAS MILITÄR ERNEUT DIE MACHT, VERBIETET POLITISCHE PARTEIEN, SPERRT PARTEICHEFS UND FÜHRENDE FUNKTIONÄRE EIN. ERDOGAN RÜHREN DIE PUTSCHISTEN NICHT AN.
ER GEDENKT DES INHAFTIERTEN ANGEKLAGTEN NECMETTIN ERBAKAN AUF SEINE WEISE. ER IST SEINETWEGEN IN DIE POLITIK GEGANGEN.
MEIN SOHN, IN DIR LEBE DER NAME ERBAKANS:
NECMETTIN ...
NECMETTIN ...
NECMETTIN ...

RASIER DEN BART AB ODER KÜNDIGE!
BEI İETT WIE ÜBERALL IM ÖFFENTLICHEN DIENST HAT JETZT EIN SOLDAT DAS SAGEN. ERDOGAN BEGREIFT SOFORT, DASS ER NICHT BLEIBEN KANN, UND KÜNDIGT.
Spor ve Sosyal Tesisler Müdürlüğüne
18. 6. 1981
Müdürlüğünüz birimlerinden 06 kod no'lu spor
tesisinde 27706 sicil no ile 24.7.1974 tarihinden
itibaren aralıksız çalışmaktayım.
Özel sektörden almış olduğum uygun iş teklifi
sebebiyle 18.6.1981 tarihi itibariyle istifa etmek
istiyorum.
ADRES: Kaptanpaşa Mah,
Piyale Humtenası St
Spor ve Sosyal Tesisler
Tarih: 18.6.1981
No: 635
R. Tayyip Erdoğan
Sicil No: 27706
AN DIE BEHÖRDE FÜR SPORT- UND SOZIALANLAGEN, SEIT DEM 24.7.1974 BIN ICH UNTER DER PERSONALNUMMER 27706 IN DER EINHEIT 06 IHRER BEHÖRDE TÄTIG. AUFGRUND EINES GEEIGNETEN ANGEBOTS AUS DEM PRIVATSEKTOR KÜNDIGE ICH ZUM 18.6.1981. ICH BITTE UM ERLEDIGUNG DER FORMALITÄTEN FÜR MEINEN AUSTRITT AUS DEM DIENST.
HOCHACHTUNGSVOLL
R. TAYYIP ERDOGAN

MIT DER KÜNDIGUNG BEI İETT GIBT ER JOB UND FUSSBALL ZUGLEICH AUF.
DAS STUDIUM IST BEENDET, DAS TOR ZUR POLITIK GESCHLOSSEN. MIT EINER NICHT ERWERBSTÄTIGEN FRAU UND ZWEI KINDERN STEHT ER JETZT OHNE BEZAHLTE ARBEIT, PARTEIUNTERSTÜTZUNG UND MANNSCHAFTSSOLIDARITÄT DA. ANFANG DER 80ER STEHT ER WIEDER AM ANFANG – VOR ALL DEN SEIT DEN 70ERN MÜHSAM ERKLOMMENEN TREPPEN. ER HAT DIE KAUM ERLANGTE MACHT WIEDER VERLOREN.

WIEDER KOMMT IHM DIE „RELIGIÖSE BRÜDERLICHKEIT“ ZU HILFE.
ER TRITT ALS BUCHHALTER IN DAS FLEISCHKOMBINAT EINES GESCHÄFTSMANNS AUS BAYBURT EIN, MIT DEM ER IN DER ZENTRALMOSCHEE KASIMPASA GEMEINSAM BETET. DORT BEKOMMT ER VIERMAL SO VIEL GEHALT.
NUN ABER STEHT AUCH DER WEHRDIENST AN.

IM MÄRZ 1982
NACH JOB, MANNSCHAFT, UNI UND PARTEI VERABSCHIEDET ER SICH AUCH VON DER FAMILIE UND GEHT ZUM MILITÄR.
NACH DER AUSBILDUNG ZUM RESERVEOFFIZIER ERFÜLLT SICH BEI DER AUSLOSUNG DER VERSETZUNGEN SEIN WUNSCH, ER KOMMT IN DIE NÄHE DER FAMILIE.
HERR, LASS MICH BITTE IN DIE NÄHE VON ISTANBUL KOMMEN.

DIE KASERNE DES INFANTERIEREGIMENTS LIEGT EINE HALBE STUNDE VON ZU HAUSE ENTFERNT.

ABENDS SCHLAFEN ALLE IN DER KASERNE, ER ABER DAHEIM. DANK SEINER ERFAHRUNGEN IN DER WIRTSCHAFT WIRD ER KANTINENCHEF. SEINE FIRMA ZAHLT IHM ZUR UNTERSTÜTZUNG DAS HALBE GEHALT WEITER.
WÄHREND SEINES WEHRDIENSTES KOMMT TOCHTER ESRA ZUR WELT. BINNEN FÜNF JAHREN HAT ER DREI KINDER BEKOMMEN UND SEINE ANGELEGENHEITEN EINIGERMASSEN GEREGELT.

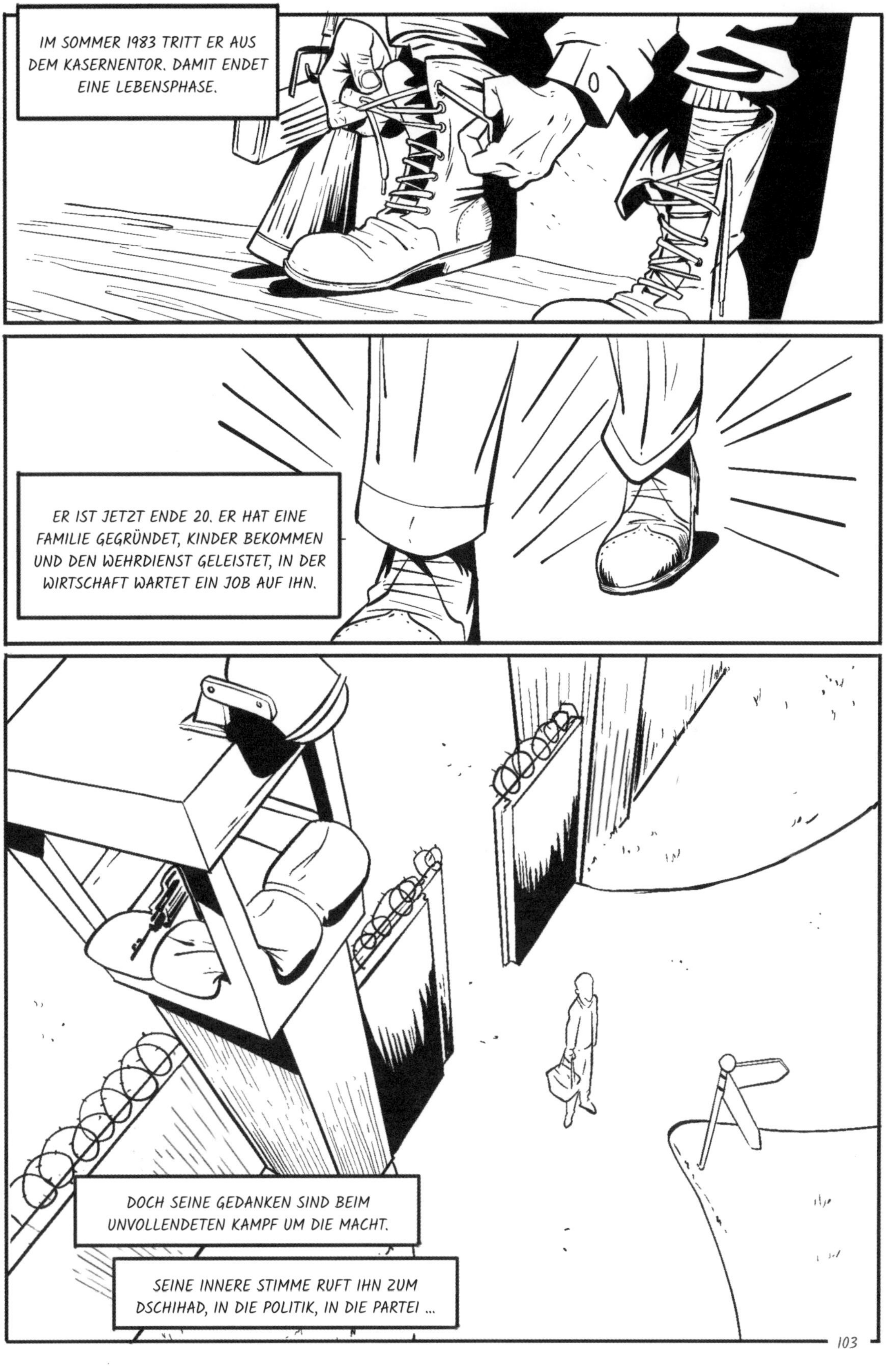
IM SOMMER 1983 TRITT ER AUS DEM KASERNENTOR. DAMIT ENDET EINE LEBENSPHASE.
ER IST JETZT ENDE 20. ER HAT EINE FAMILIE GEGRÜNDET, KINDER BEKOMMEN UND DEN WEHRDIENST GELEISTET, IN DER WIRTSCHAFT WARTET EIN JOB AUF IHN.
DOCH SEINE GEDANKEN SIND BEIM UNVOLLENDETEN KAMPF UM DIE MACHT.
SEINE INNERE STIMME RUFT IHN ZUM DSCHIHAD, IN DIE POLITIK, IN DIE PARTEI ...

DOCH IN WELCHE PARTEI? DAS MILITÄR HAT DIE ALTEN PARTEIEN VERBOTEN.
NUR DREI NEUE PARTEIEN SIND ERLAUBT.
ERBAKAN HAT POLITIKVERBOT. DIE VON IHM GEGRÜNDETE WOHLFAHRTSPARTEI WIRD SICH NICHT ZUR WAHL STELLEN KÖNNEN.
REFAH PARTiSi
ANAVATAN PARTiSi
MANCHE FRÜHEREN WEGGEFÄHRTEN ERDOGANS TRETEN DER MUTTERLANDSPARTEI VON TURGUT ÖZAL BEI, DIE IHNEN AUSSICHTSREICH ERSCHEINT.
AUCH IHN LÄDT MAN EIN. DOCH ER LEHNT RUNDHERAUS AB. DEN STEINIGEN WEG VOR SICH WIRD ER NICHT UNTER DEM SICHEREN SCHIRM VON PARTEIEN IM SCHATTEN DES PUTSCHES BESCHREITEN, SONDERN AUF DEM VERMINTEN PFAD SEINES MIT VERBOT BELEGTEN HODSCHAS.

MIT ERBAKAN IST ER ZUR POLITIK GEKOMMEN.
IHM IST ER GEFOLGT.
SEIN SOHN TRÄGT ERBAKANS NAMEN.
ES IST AN DER ZEIT, DEN WEG DES UNTER HAUSARREST STEHENDEN HODSCHAS ZU GEHEN ...
ICH EMPFEHLE EUCH DREI DINGE
... UND ZU TUN, WAS IHM NICHT ERLAUBT WAR.
GLAUBE,
... GEDULD,
... DSCHIHAD
...

*GLAUBENSKÄMPFER ERDOGAN!

SEINE ERSTE REDE ALS PROVINZVORSITZENDER BEGINNT ER MIT DER ÄUSSERUNG, IHM SEI AUFGRUND DER VERBOTE DIE ZUNGE GEBUNDEN:
ALLE MEINE BRÜDER SEIEN SOGLEICH DARAN ERINNERT: MEINE ZUNGE DARF NICHT JEDEN GEDANKEN MEINES HERZENS ÜBERSETZEN. IN DIESEM LAND STEHEN GLAUBENS- UND MEINUNGSFREIHEIT NUR AUF DEM PAPIER. DEMOKRATIE LIEGT IM ERMESSEN DER REGIERENDEN. NUR SOWEIT DIE MACHTHABER ES ZULASSEN, DARFST DU DENKEN, REDEN, GLAUBEN UND ANDACHT HALTEN.
30 JAHRE SPÄTER WIRD DIE MEINUNGSFREIHEIT IN SEINEM ERMESSEN LIEGEN.
AUF DEM PODIUM SCHEINT KEIN PROVINZVORSITZENDER ZU SPRECHEN, SONDERN EIN FEUERBALL, DER DEN BODEN ENTFLAMMT, WO IMMER ER REDET. IN DER SPRACHE DER DICHTUNG RUFT ER DIE MASSEN ZUM DSCHIHAD:
ES GIBT NÄCHTE, DIE VERGEHEN MIT SCHLAF, BEFLECKT VON TRUNKEN ERBROCHENEM ... ES GIBT NÄCHTE, DA RAUSCHEN LEIDENSCHAFTEN, DAS HEIM WIRD ZERBROCHEN. ES GIBT NÄCHTE, ERFÜLLT VON ERWECKUNG, DER MORGEN BRICHT AN, ISTANBUL WIRD EROBERT, EINE ÄRA ENDET, EINE ÄRA BEGINNT.
IN SOLCH EINER ZEIT, DA DER TAG DEN STAB VON DER NACHT ÜBERNIMMT, ÖFFNEST DU WEIT DEINE ARME, BESTEIGST EINE GEEIGNETE ANHÖHE, VERKÜNDEST IHNEN DIE WAHRHEIT UND RUFST:
‚HALTET EIN, MENSCHENMASSEN! DIESER WEG IST EINE SACKGASSE!‘
RP
RP

DIE MASSEN STRÖMEN IN DIE „SACKGASSEN“. DIE REPRESSIVE VERFASSUNG DER JUNTA WIRD MIT ÜBER 91 PROZENT ZUSTIMMUNG VERABSCHIEDET,
ANAVATAN
... TURGUT ÖZAL, CHEF DER MIT DEM SEGEN DER MILITÄRS GEGRÜNDETEN MUTTERLANDSPARTEI, WIRD MIT 45 PROZENT PREMIERMINISTER.

DIE WOHLFAHRTSPARTEI FINDET NIRGENDS AUCH NUR ERWÄHNUNG.
ERDOGAN KÜNDIGT SEINEN JOB IN DER WIRTSCHAFT. SEIN GEHALT WIRD FORTAN DIE PARTEI ZAHLEN. SEIN PERSÖNLICHES AUSKOMMEN IST GEREGELT, DOCH DER PARTEI GEHT ES FINANZIELL NICHT GUT.
DIE PARTEI BESITZT IN DER PROVINZ, DEREN VORSITZENDER ER IST, KEIN EIGENES GEBÄUDE. SIE IST NUR IN ACHT VON 19 BEZIRKEN ORGANISIERT.
RP
EINE HANDVOLL ÜBERZEUGTER JUNGER MÄNNER VERSUCHT, DIE PARTEI BESSER AUFZUSTELLEN.

INNERHALB VON DREI MONATEN SIND ALLE 19 BEZIRKE ORGANISIERT. DA ES KEINE BEZAHLTEN KRÄFTE GIBT, KÖNNEN SIE DIE BEZIRKSBÜROS NUR ABENDS ÖFFNEN. JEDEN ABEND TELEFONIEREN SIE ALLE AB, UM SICHERZUSTELLEN, DASS ALLE IM DIENST SIND.
WIR MÜSSEN ETWAS TUN. BAUEN WIR WENIGSTENS RASCH BEZIRKSGRUPPEN AUF.
İSTANBUL
RP

RP
IM BEZIRK BEYOGLU SIND ALLE IM EINSATZ, VORSITZENDER.
IM BEZIRK SISLI NIMMT KEINER AB, VORSITZENDER.
VERSUCHT ES WEITER, ICH FAHR HIN UND SCHAU NACH.
RP
ŞIŞLI

WARUM WEINST DU?
ICH BIN TRAURIG, VORSITZENDER.
HAST DU SORGEN? KÖNNEN WIR DIR HELFEN?
NEIN DANKE, VORSITZENDER.
DU BIST NICHT ANS TELEFON GEGANGEN?
ICH HATTE ZU TUN, DESHALB KONNTE ICH ERST EINE HALBE STUNDE SPÄTER AUFMACHEN.
ERDOGAN ERFÄHRT SPÄTER, DASS DER BEZIRKSVORSITZENDE, DEN ER AN JENEM ABEND WEINEND IM BÜRO ANTRAF ...
... BEI EINER GEBURT SEINE FRAU VERLOREN HAT,
... SIE INS LEICHENSCHAUHAUS UND DAS NEUGEBORENE ZUR SCHWÄGERIN GEBRACHT HAT
... UND ANSCHLIESSEND ZUM DIENST INS PARTEIBÜRO GEEILT WAR.
UND ER ERKENNT, DASS SIE DIESEN KAMPF GEWINNEN KÖNNEN.

SOMMER 1985
DIE ZWEITE TOCHTER SÜMEYYE WIRD GEBOREN.
JETZT HAT FAMILIE ERDOGAN VIER KINDER.
EMINE HAT SICH AN IHR VOREHELICHES ABKOMMEN GEHALTEN UND IHREN TAG UND NACHT ARBEITENDEN MANN NIE GEFRAGT: „WO BLEIBST DU DENN?"
ABER DIE KINDER KLAGEN.
DER PAPA KOMMT ERST HEIM, WENN SIE SCHON SCHLAFEN,
... UND STEHT AUF, WENN SIE SCHON IN DER SCHULE SIND.
EINES MORGENS ERFÄHRT ERDOGAN VON DEN KLAGEN DER KINDER.
AN DER SCHLAFZIMMERTÜR HÄNGT EIN KLEINER ZETTEL.
„PAPA, RESERVIER AUCH EINEN ABEND FÜR UNS."
Babacağım bir geceni de bize ayır.

DIE 80 QM IN KASIMPASA SIND ZU ENG FÜR SECHS PERSONEN. ERDOGAN SUCHT EINE GRÖSSERE WOHNUNG.

DIE KOMMUNE SULTANBEYLI WIRD VON DER WOHLFAHRTSPARTEI REGIERT. DORT DARF ER AUF EINEM WALDGRUNDSTÜCK EIN HAUS BAUEN. NATÜRLICH ILLEGAL.
ER DENKT NICHT DARAN, DASS IHM DIESER REGELVERSTOSS EINMAL EINE STRAFE EINTRAGEN UND JAHRE SPÄTER IN DER POLITIK VOR IHM STEHEN KÖNNTE. FALLS DOCH, KÜMMERT ES IHN NICHT.

KABUL, AFGHANISTAN
DAS IST GULBEDDIN HIKMATYAR, DECKNAME „SCHLÄCHTER VON KABUL“ ...
ANFÜHRER DER GEGEN DIE SOWJETISCHE BESATZUNG KÄMPFENDEN ISLAMISCHEN PARTEI ...
EIN GLAUBENSKÄMPFER, DER KINO, RADIO, FERNSEHEN, MUSIK VERBIETEN WILL,
... UND EINER STUDENTIN AN DER KABULER UNIVERSITÄT DAS GESICHT VERÄTZTE, WEIL SIE NICHT VERSCHLEIERT WAR.

WEIL HIKMATYAR UND SEINE ORGANISATION GEGEN DIE KOMMUNISTEN KÄMPFEN, WERDEN SIE VON DEN USA UNTERSTÜTZT, VOM CIA FINANZIERT, IM WEISSEN HAUS EMPFANGEN. NOCH SIND SIE IN DEN AUGEN DER USA KEINE „ISLAMISTISCHEN TERRORISTEN", SONDERN „FREIHEITSKÄMPFER". 20 JAHRE SPÄTER WERDEN UNO UND USA HIKMATYAR ZUM TERRORISTEN ERKLÄREN.
29. NOVEMBER 1985
EIN HAUS IM STADTTEIL FATIH …

ERDOGAN SUCHT GULBEDDIN HIKMATYAR AUF, DER AUF EINLADUNG DER WOHLFAHRTSPARTEI NACH ISTANBUL GEKOMMEN IST.
ER SETZT SICH DEM GLAUBENSKÄMPFER, DEN ER FÜR EINEN HELDEN HÄLT, ZU FÜSSEN.
DAS FOTO WIRD JAHRE SPÄTER AUFTAUCHEN UND IHM IMMER DANN VORGEHALTEN WERDEN, WENN ER SAGT: „WIR HABEN VOR NIEMANDEM GEKNIET."

1986
ERBAKAN STELLT ERDOGAN, DER SEINE LINIE NIE VERLASSEN UND IHM IN DER ZEIT SEINES POLITIKVERBOTS DIE TREUE GEHALTEN HAT, BEI DEN ZWISCHENWAHLEN ALS ABGEORDNETENKANDIDATEN FÜR ISTANBUL AUF. DAS WIRD SEINE ERSTE PRÜFUNG AN DEN URNEN SEIN.
JETZT BEGINNT SEINE GROSSE WENDE. DIE ERST SPÄT IN DEN WAHLKAMPF EINGETRETENE PARTEI IST CHANCENLOS.
VOR IHM TÜRMT SICH EIN UNBEZWINGBARER BERG AUF.
DOCH BEI DIESER ERSTEN PRÜFUNG FINDET ER WEGE ZUM BESTEIGEN DES BERGES, DIE IHN 15 JAHRE SPÄTER ZUM GIPFEL FÜHREN SOLLEN.

ER FÄNGT MIT EINEM APPELL AN DIE PARTEIORGANISATION AN:
RP
IHR SEID DIE NERVEN DIESER PARTEI. EURE AUFGABE IST ES, DIE VOM GEHIRN GESANDTE BOTSCHAFT AUFZUNEHMEN UND ANDEREN ZU VERKÜNDEN.
GEHT VON HAUS ZU HAUS. REDET MIT DEN MENSCHEN, ERLÄUTERT UNSERE SACHE!
RP
WIE SAGT DER DICHTER: ‚NICHT MIT ÜBERREDETEN MACHT MAN SICH AUF DEN WEG, SONDERN MIT ÜBERZEUGTEN.‘
ÜBERZEUGT SIE! GESEGNET SEI EUER GLAUBENSKAMPF!

ER BITTET DIE ORGANISATION UM DIE LISTE DER EINWOHNER IN DEM BEZIRK, IN DEM ER ANTRITT. NUN WEISS ER, WER IN WELCHER WOHNUNG IN WELCHEM VIERTEL WOHNT.
PER HAND SCHREIBT ER DEN LEUTEN EINEN BRIEF. „LIEBER MENSCH“, FÄNGT ER AN UND ENDET MIT: „GOTT SEI MIT EUCH.“ DARIN MACHT ER DIE „SEIT 200 JAHREN UMGESETZTEN WESTLICHEN MODELLE“ FÜR ALLE PROBLEME VERANTWORTLICH UND FORDERT ZUR WAHL DER WOHLFAHRTSPARTEI AUF.
DIE „NERVEN“ TRAGEN DEN BRIEF ZU DEN LEUTEN. SIE VERSEHEN ERDOGANS WAHLGEBIET MIT TAUSENDEN FAHNEN UND PLAKATEN.
JEDER EINZELNE HAT DEN AUFTRAG, PRO MONAT EIN NEUES PARTEIMITGLIED ZU WERBEN. SIE BEREDEN DIE DAHEIM BESUCHTEN LEUTE, STADTTEILVERTRETER ZU WERDEN. BALD GEHT AUCH ERDOGAN VON GASSE ZU GASSE, VON HAUS ZU HAUS, UM IM GESPRÄCH ZU „VERKÜNDIGEN“.

IN DIESEM LAND GIBT ES LEUTE, DEREN HUND SO VIEL FRISST WIE VIER MINDESTLÖHNE. DEN ISLAM MISSBRAUCHENDE RECHTE TREFFEN SICH ABENDS IN DERSELBEN HOTELLOBBY MIT DEN DIE ARMUT MISSBRAUCHENDEN LINKEN ZUM TRINKEN. DANK IHRER POLITIK IST ES MIT DIESER NATION SO WEIT GEKOMMEN.
JAPAN ABER HAT SICH OHNE AUFGABE DER NATIONALEN WERTE INDUSTRIALISIERT UND KONKURRIERT NUN MIT DEN USA.
DAS KÖNNEN WIR AUCH.
OB USA ODER RUSSLAND MACHT KEINEN UNTERSCHIED, HINTER ALLEM STECKT DER ZIONISMUS.
AUF DEN VERSAMMLUNGEN SIND NUR MÄNNER ZUGELASSEN. DAMALS GIBT ERDOGAN FRAUEN NICHT DIE HAND, DAS SEI „SÜNDE“, ER IST GEGEN PASSIVES WAHLRECHT FÜR FRAUEN UND GEGEN GEBURTENKONTROLLE, FRAUEN NIMMT ER NICHT IN DIE PARTEI AUF. EIN EREIGNIS IN DIESEM WAHLKAMPF ABER LÄSST IHN SEINE MEINUNG ÄNDERN.

ALLAHU EKKBERR
SELAMÜNALEYKÜM!
ICH BIN NICHT IN EURER PARTEI.
DAS IST GOTTES GRUSS, WAS HAT DAS MIT UNSERER PARTEI ZU TUN?
GIBST DU UNS KEINEN TEE AUS?
NEIN.

DÜRFEN WIR DIR EINEN AUSGEBEN?
ICH TRINKE EUREN TEE NICHT.
HERR VORSITZENDER!
BAR
HERR VORSITZENDER, KOMMEN SIE, TRINKEN SIE MIT UNS TEE.
SEHR GERN.
WIR SIND FROMME LEUTE GENAU WIE SIE.

AUCH WIR WOLLEN ENTWICKLUNG FÜR DAS LAND UND EIN ENDE DER ARMUT.
FÜR UNS IST ES ZU SPÄT, DOCH UNSERE KINDER SOLLEN ES BESSER HABEN.
ALL DIE JAHRE HABEN WIR UNS IN MOSCHEEHÖFEN ABGEMÜHT, DABEI LIEGT HIER DER EIGENTLICHE SCHATZ ...
ÜBERLASST IHNEN DIE MOSCHEEN, WIR STRÖMEN AUS DEN MOSCHEEN HINAUS.

* DAS ISLAMISCHE GLAUBENSBEKENNTNIS IN ARABISCHER SPRACHE: „ICH BEZEUGE, ES GIBT KEINEN GOTT AUSSER ALLAH."

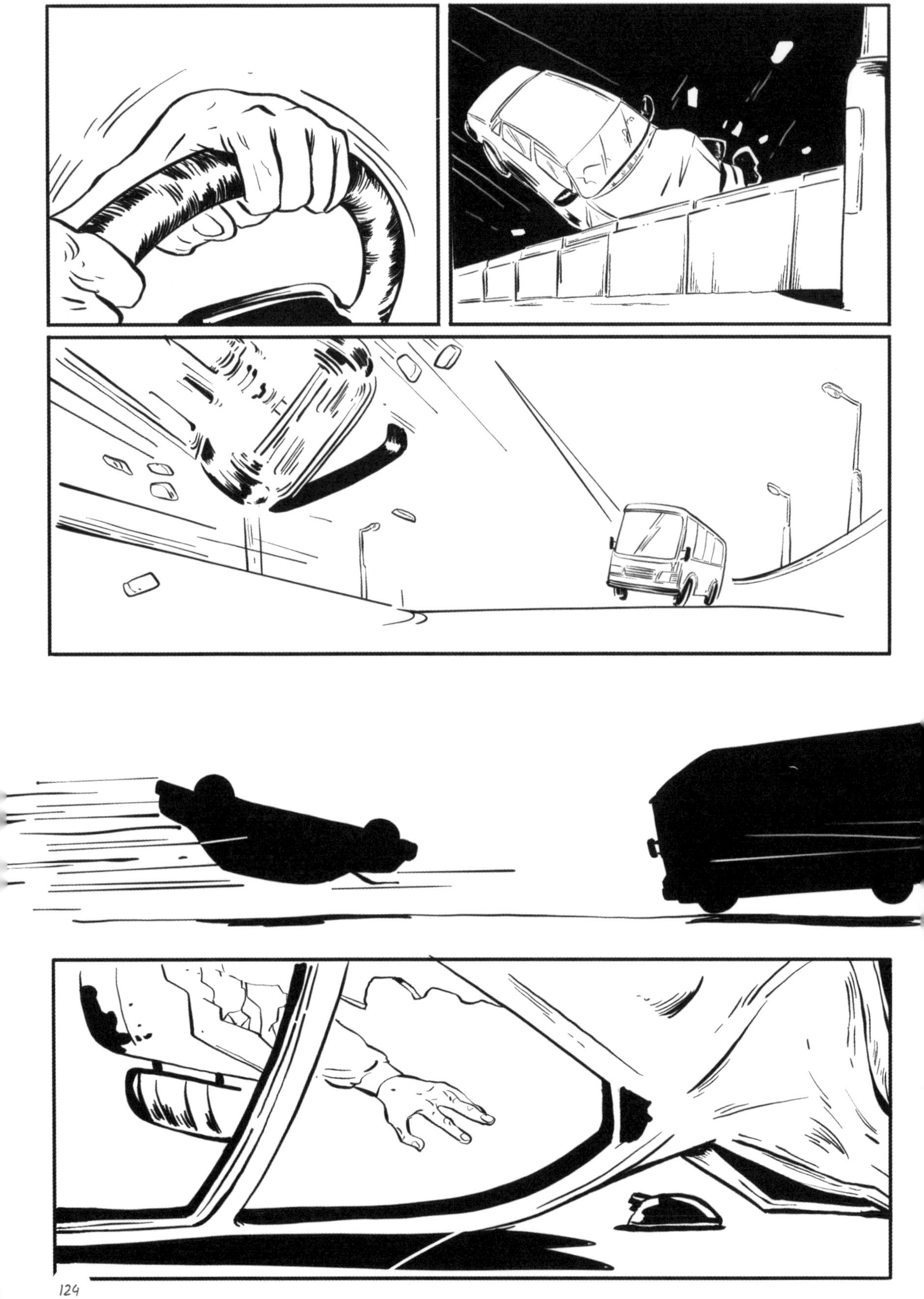

ERDOGAN KOMMT BEI DIESEM UNFALL MIT RIPPENBRÜCHEN DAVON. DOCH DER FAHRER STIRBT.
UM DIE KAMPAGNE ZU BESTEHEN, BRAUCHT ER SPRITZEN GEGEN DIE SCHMERZEN. DOCH ALL DAS REICHT NICHT, UM DIE WAHLEN ZU GEWINNEN.

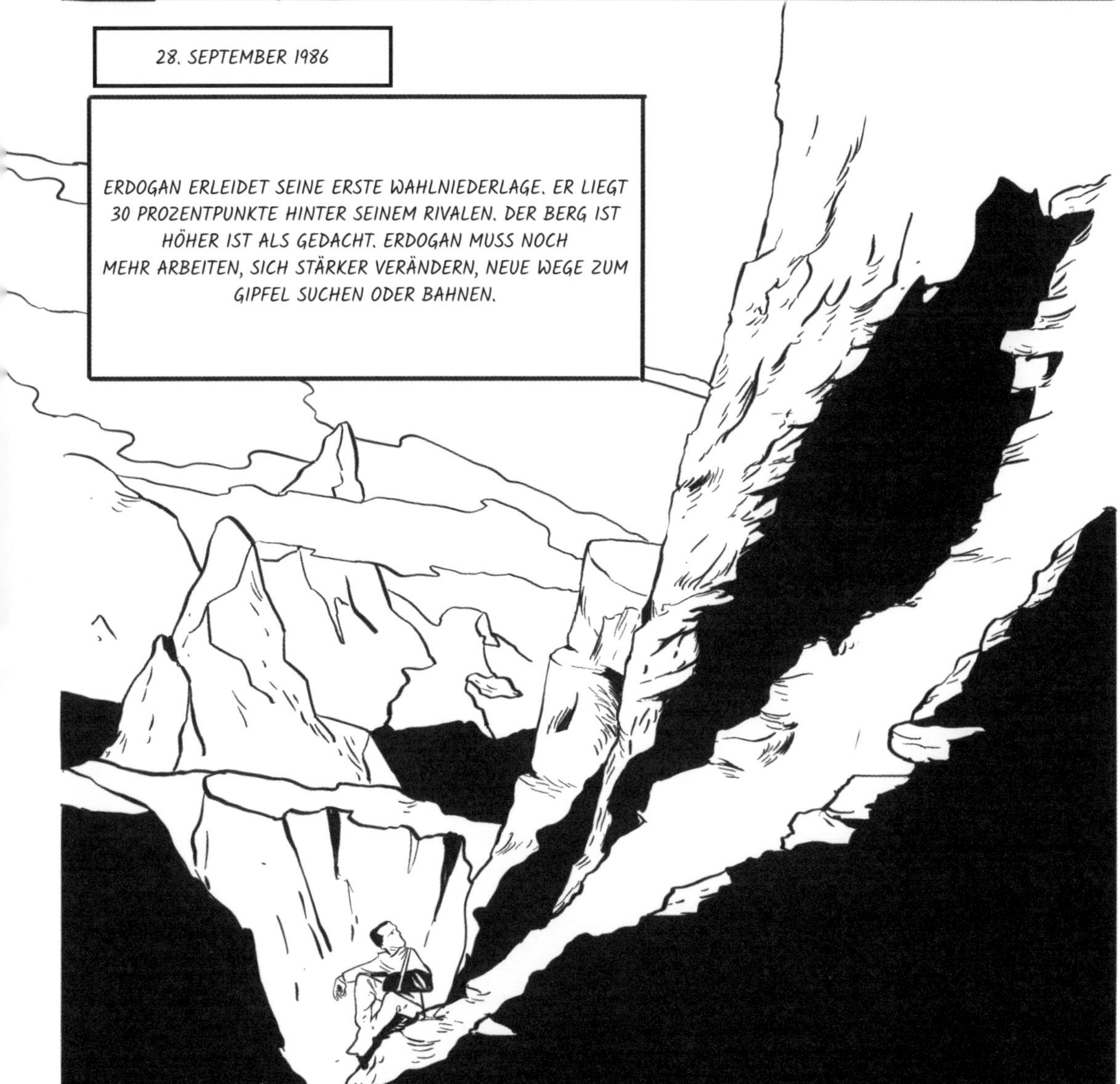
28. SEPTEMBER 1986
ERDOGAN ERLEIDET SEINE ERSTE WAHLNIEDERLAGE. ER LIEGT 30 PROZENTPUNKTE HINTER SEINEM RIVALEN. DER BERG IST HÖHER IST ALS GEDACHT. ERDOGAN MUSS NOCH MEHR ARBEITEN, SICH STÄRKER VERÄNDERN, NEUE WEGE ZUM GIPFEL SUCHEN ODER BAHNEN.

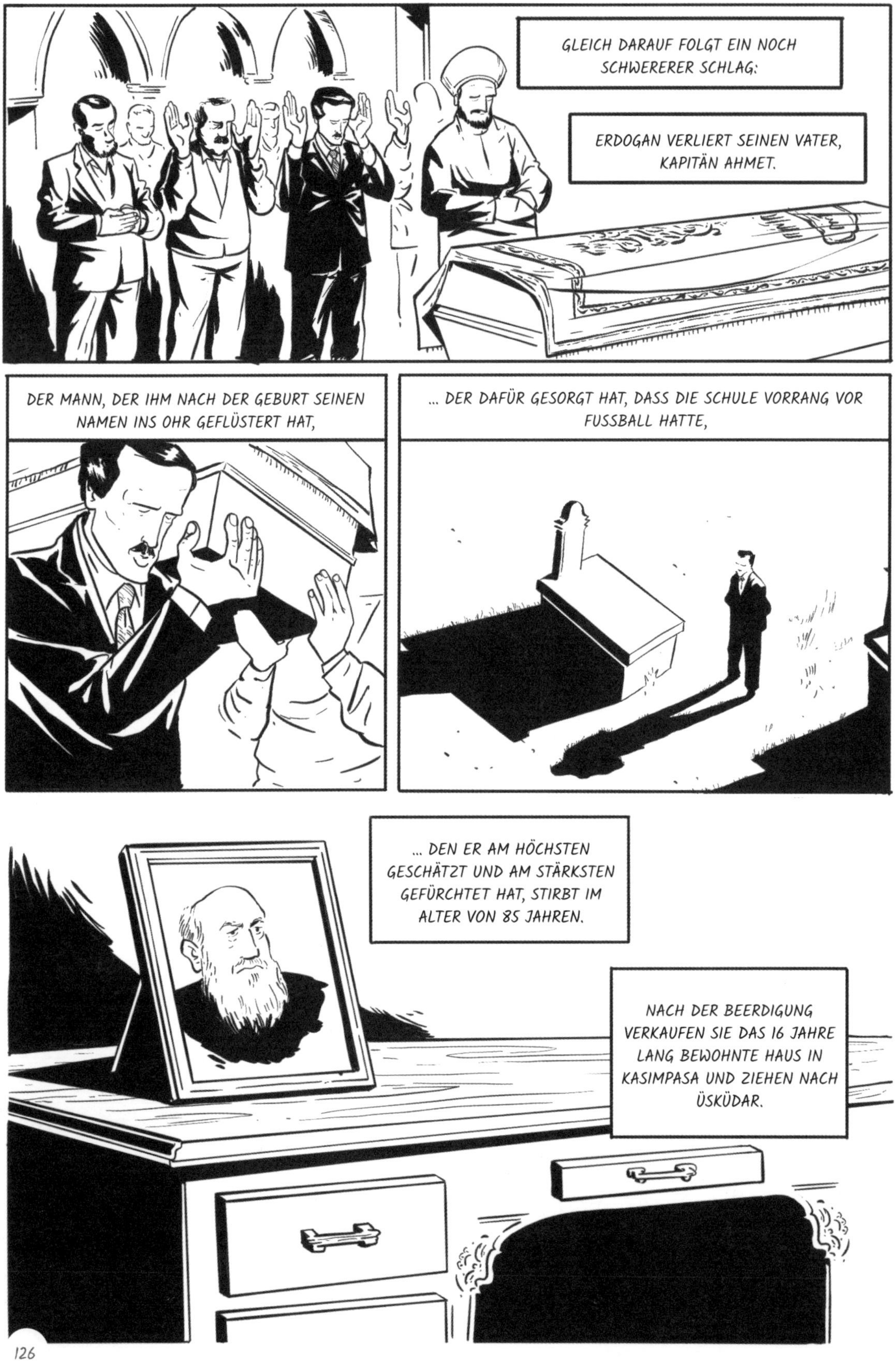
GLEICH DARAUF FOLGT EIN NOCH SCHWERERER SCHLAG:
ERDOGAN VERLIERT SEINEN VATER, KAPITÄN AHMET.
DER MANN, DER IHM NACH DER GEBURT SEINEN NAMEN INS OHR GEFLÜSTERT HAT,
... DER DAFÜR GESORGT HAT, DASS DIE SCHULE VORRANG VOR FUSSBALL HATTE,
... DEN ER AM HÖCHSTEN GESCHÄTZT UND AM STÄRKSTEN GEFÜRCHTET HAT, STIRBT IM ALTER VON 85 JAHREN.
NACH DER BEERDIGUNG VERKAUFEN SIE DAS 16 JAHRE LANG BEWOHNTE HAUS IN KASIMPASA UND ZIEHEN NACH ÜSKÜDAR.

29. NOVEMBER 1987
SEINEN LEIBLICHEN VATER HAT ERDOGAN VERLOREN. ER SCHLIESST SICH DEM POLITISCHEN VATER NOCH ENGER AN. DOCH IN DER PARTEI HERRSCHT MISSMUT.
ERBAKAN STEHT NICHT LÄNGER UNTER POLITIKVERBOT. SEINE WOHLFAHRTSPARTEI HOLT ZWAR SIEBEN PROZENT, SCHEITERT ABER AN DER ZEHN-PROZENT-HÜRDE.
RP
DIE LEUTE WOLLEN UNS WÄHLEN, ABER ZWISCHEN UNS STEHT EINE UNSICHTBARE MAUER, DIE WIR NICHT NIEDERREISSEN KONNTEN.
DIESE MAUER HINDERT UNS DARAN, DIE MENSCHEN ZU ERREICHEN.
WENN WIR DIE RICHTIGE METHODE FINDEN, MIT DEM VOLK IN KONTAKT ZU KOMMEN, BRICHT DIE MAUER EIN UND WIR WERDEN DIE STÄRKSTE PARTEI.

DA ENTSCHEIDET ER SICH, ETWAS ZU RISKIEREN: ER WIRD DIE MAUER AN IHRER STÄRKSTEN STELLE BESTÜRMEN UND BEI DEN KOMMUNALWAHLEN IM FOLGEJAHR ALS BÜRGERMEISTER FÜR BEYOGLU KANDIDIEREN.
BEYOGLU IST EIN EXTREM KOSMOPOLITISCHES VIERTEL. DIE WOHLFAHRTSPARTEI HAT DORT ZUVOR NUR DREI PROZENT HOLEN KÖNNEN.
BEI DIESEN WAHLEN GEHEN WIR EINEN ANDEREN WEG.
EIN TRIUMPH DORT KÖNNTE ZEIGEN, WIE STARK ER IST.
EINEN WEG, DEN WIR NOCH NIE AUSPROBIERT HABEN ...
UM ES GLEICH ZU SAGEN: KEINER NEHME MIR DIE UNGEWÖHNLICHEN PRAKTIKEN ÜBEL!
ZUM SIEG WIRD IHM JEDER WEG RECHT SEIN.

DIE ZEIT, POLITIK FÜR RELIGIÖSE ZWECKE ZU NUTZEN, IST VORBEI, JETZT IST ES AN DER ZEIT, RELIGION FÜR POLITISCHE ZWECKE ZU NUTZEN.
SEIN ZAUBERSTAB SIND DIE FRAUEN,
... DENEN ER BIS DAHIN NICHT EINMAL DIE HAND SCHÜTTELN WOLLTE.
IHM GEHT AUF, DASS SIE DIE HÄLFTE DER GESELLSCHAFT AUSSEN VOR GELASSEN HABEN.
SIE WIRD ER INS FELD FÜHREN, DIE FESTUNG VON INNEN EROBERN UND MIT IHNEN DEN GIPFEL ERKLIMMEN.
RP
NBUL

MIT GROSSEM AUFWAND WERDEN DIE FRAUEN ORGANISIERT. DIE PARTEI ÖFFNET FRAUEN ERSTMALS IHRE PFORTEN. IN DEN 863 GEMEINDEN ISTANBULS ENTSTEHEN NACHBARSCHAFTSVEREINE.
İSTANBUL
EIN SCHLAFENDER RIESE SCHEINT ERWACHT ... DOCH DIE NEUERUNG STÖRT DIE PARTEIÄLTEREN.
RP
JETZT STEHEN DIE FRAUEN, DIE ERDOGAN ZUVOR NUR DURCH DEN TÜRSPALT LAUSCHTEN, IN DER ERSTEN REIHE. IM GRUNDE IST ES REINE INSZENIERUNG. IN MODERNE VIERTEL SCHICKT ERDOGAN FRAUEN OHNE KOPFTUCH, IN KONSERVATIVE VERSCHLEIERTE.
RP

UM DIE SÄKULAREN BÜRGER NICHT ZU VERSCHRECKEN, NIMMT ER DIE BÄRTIGEN IN PLUDERHOSEN, DIE STETS IM VORDERGRUND STANDEN, AUS DEM TROSS HERAUS.
WENN IHR TRAURIG WEINT, BIN AUCH ICH TRAURIG, UND WIE. HABT DOCH EIN WENIG GEDULD.
VERTRAUT DARAUF, WAS ICH WIE MACHE, UND FOLGT MEINEN ANWEISUNGEN. IHR WERDET SEHEN, AM ENDE LACHEN WIR.

ER BILDET EIN 75-KÖPFIGES MEINUNGSFORSCHUNGSTEAM AUS STUDENTEN UND LÄSST SIE WÖCHENTLICH UMFRAGEN DURCHFÜHREN.

WIE EIN TRUPPENFÜHRER HOLT ER SICH KONKRETE RESULTATE AUS DEM FELD, GEHT SCHWACHSTELLEN AN, BEHEBT SCHWÄCHEN, ERLEBT ZUWACHS VON TAG ZU TAG.

DIE BASIS ABER WEHRT SICH GEGEN DIE VORZEIGEMODELLE.

WAS FÜR EIN JAMMER, GOTT STRAFE EUCH, IN WAS FÜR EINE LAGE HABT IHR UNS GEBRACHT! WIE WOLLT IHR DAFÜR BEIM JÜNGSTEN GERICHT GERADESTEHEN?
HODSCHA, BERUHIGE DICH! WAS REDEST DU DA? WAS IST DENN MIT UNSERER LAGE?
WAS KÖNNTE SCHLIMMER SEIN! MÜSSEN AUSGERECHNET DIESE NUTTEN PROPAGANDA IN MOSCHEEN MACHEN UND PARTEIBROSCHÜREN VERTEILEN?
DU REDEST, OHNE ZU WISSEN, HODSCHA, DAS GEHÖRT SICH NICHT. SIE SIND UNSERE SCHWESTERN. WENN DU MORGEN DEN HINTERGRUND ERFÄHRST, WIRST DU DICH DEINER WORTE SCHÄMEN!

NUN BEUGT ER DIE GESTERN NOCH KOMPROMISSLOS VERTEIDIGTEN RELIGIÖSEN REGELN UM DER POLITIK WILLEN UND WEISS SICH IM RECHT.
ER ÜBERGEHT DEN PROTEST DER BASIS, IST SICHER, DER TRIUMPH WIRD AUCH SIE ÜBERZEUGEN.
ALLMÄHLICH GEHT SEIN PLAN AUF: SIE SIND AUS DEN MOSCHEEN HINAUS IN CAFÉS, KNEIPEN, NACHTCLUBS UND LUXUSHOTELS GELANGT.

EINES TAGES BETRITT ER EIN HOTEL ...
UND ERLEBT EINE ÜBERRASCHUNG:
ER TRIFFT AUF EINE GRUPPE PROSTITUIERTE.
HERR VORSITZENDER, DAS SIND FREUDENMÄDCHEN, GUCKT BESSER NICHT HIN.
IM GEGENTEIL! SAGT IHNEN, DASS ICH GERN MIT IHNEN REDEN WÜRDE ...

DER KANDIDAT DER WOHLFAHRTSPARTEI FÜR BEYOGLU, RECEP TAYYIP ERDOGAN, MÖCHTE MIT EUCH REDEN.
ACH QUATSCH! WILLST DU UNS VERKOHLEN? DIE KOMMEN DOCH HIER NICHT HER …
VEREHRTE DAMEN, ICH WILL EUCH AUS DER FINSTERNIS, IN DIE IHR GESTÜRZT SEID, ERLÖSEN.
GEBT UNS EURE STIMMEN UND EURE HERZEN …
UNTERSTÜTZT UNS …

HERR VORSITZENDER, SIE KÖNNEN UNS NICHT ERLÖSEN.
WIR SIND KAPUTT,
WIR SIND ERLEDIGT.
ABER ICH HABE ZWEI TÖCHTER, 16 UND 14.
ICH WILL NICHT, DASS MEINE TÖCHTER IN DER WELT AUFWACHSEN, IN DER ICH LEBE. ERLÖST SIE, NICHT UNS!
MEINE STIMME FÜR SIE. ICH WILL AUCH BEI MEINEN KOLLEGINNEN FÜR SIE WERBEN.
DIE MAUER WANKT. DANK BEHARRLICHKEIT, ENGAGEMENT UND GEDULD ...

… DOCH NOCH SIND NICHT ALLE VORURTEILE BESEITIGT.
RESTURANT
ALS SIE IHREN NAMEN HÖRTEN, LIESSEN SIE UNS NICHT REIN, BELEIDIGTEN UNS SOGAR, HERR VORSITZENDER …
GRÄM DICH NICHT, TOCHTER. EINES TAGES REGIEREN WIR NICHT NUR DIESE STADT, SONDERN DAS GANZE LAND.
OB DAS WAHR WIRD?
DAS WIRD WAHR. HAUPTSACHE, IHR GEHT WEITER UNERMÜDLICH VON TÜR ZU TÜR.
DER JOSEF AUS DEM BRUNNEN HOLT, WIRD EINES TAGES EUCH DAS SIEGEL ÜBERGEBEN.
ESTUR

26. MÄRZ 1989
ALS AM WAHLABEND DIE URNEN GEÖFFNET WERDEN, RIECHT ES NACH SIEG.
DIE ERSTEN ZAHLEN ZEIGEN IHN KOPF AN KOPF MIT DEN SEIT JAHREN IN BEYOGLU REGIERENDEN SOZIALDEMOKRATEN.
DOCH NACH AUSZÄHLUNG DER LETZTEN URNEN UM MITTERNACHT WERDEN SIE NUR ZWEITE. MIT NUR 1.500 STIMMEN RÜCKSTAND.

SEHEN SIE, WAS SIE ANGERICHTET HABEN, HERR VORSITZENDER?
AUS ANGST VOR GEREDE DURFTEN WIR NICHT ZUR AUSZÄHLUNG.
DIE ZUSTÄNDIGEN KAMERADEN LIESSEN DIE URNEN IM STICH, KAUM DASS DER RUF ZUM GEBET ERKLANG.
SIE HABEN UNSERE STIMMEN GESTOHLEN.
WIR HABEN EINE GEWONNENE WAHL VERLOREN.

JETZT IST DIE ZEIT DER REUE FÜR DIE KONSERVATIVEN IN DEN MOSCHEEN GEKOMMEN.
HERR VORSITZENDER ...
... BITTE VERZEIH MIR!
ICH SCHÄME MICH FÜR DAS, WAS ICH DIR UND DEN MÄDCHEN ANGETAN HABE, VERZEIH MIR!
BITTE NICHT MICH UM VERZEIHUNG, SONDERN DIE ARMEN MÄDCHEN.

AUF DIE BEHAUPTUNG DES STIMMENDIEBSTAHLS HIN LÄUFT ERDOGAN MIT PARTEIGENOSSEN MORGENS UM VIER UHR ZUR KREISWAHLKOMMISSION.
WUTENTBRANNT WETTERT ER GEGEN DEN RICHTER, DER DIE KOMMISSION LEITET:
DU BIST JA BESOFFEN, MANN! KANNST JA NICHT AUF DEN BEINEN STEHEN!
UND MIT DIESEM KOPF WILLST DU FÜR WAHLSICHERHEIT GARANTIEREN?
STEH AUF, WIR GEHEN ZUR GERICHTSMEDIZIN, EINEN ALKOHOLTEST MACHEN. DIR MACH ICH DIE HÖLLE HEISS ...

ER UNTERLIEGT AN DER URNE UND SEINER WUT.
DIE MAUER, DIE ER EINREISSEN WOLLTE, DROHT AUF IHN ZU STÜRZEN.
DER STAATSANWALT LÄDT IHN ZUR AUSSAGE VOR.
ER SOLL DEN PREIS FÜR DIE BELEIDIGUNG DES RICHTERS IM DIENST BEZAHLEN.
POLIZISTEN KOMMEN DIE TREPPE HOCH. DIE WERDEN DICH VERHAFTEN ...
WIR MÜSSEN SOFORT WEG, BOSS!

ER FLIEHT DURCH DIE HINTERTÜR. IN ABWESENHEIT WIRD HAFTBEFEHL GEGEN IHN ERLASSEN.
EINEN MONAT VERBIRGT ER SICH. ALS DER BEFEHL NICHT ZURÜCKGEZOGEN WIRD,
... GEHT ER ZUR VERHANDLUNG UND STELLT SICH.
ER WIRD VERHAFTET UND INS GEFÄNGNIS GEBRACHT.
BIS ZU ZWEI JAHRE HAFT WERDEN GEFORDERT.

WIE DEM VERFLUCHTEN KÖNIG IM SISYPHOS-MYTHOS
... ROLLT IHM DER FELSBROCKEN KURZ VOR DEM GIPFEL WIEDER HINUNTER
... ER STEHT AUF UND TRÄGT IHN WIEDER HINAUF.

MITTEN IM TRAUM, BÜRGERMEISTER ZU WERDEN, SITZT ER NUN GEFANGEN IN DER ZELLE.

ER IST AUS DEM LICHT VON APPLAUS, PAROLEN UND KOMPLIMENTEN
... IN DIE DUMPFE FINSTERNIS DER GEFANGENSCHAFT
... GESTÜRZT.
ER HASST DIE BETRUNKENEN BEAMTEN,
... UNANTASTBAREN RICHTER UND DESPOTISCHEN ANGESTELLTEN DES STAATS, DIE LEUTE WIE IHN VERACHTEN UND ERNIEDRIGEN. ER SCHWÖRT SICH: EINES TAGES WERDEN SIE ALLE SICH IHM BEUGEN.

ALLAHU
EKBEER
JAHRE SPÄTER WIRD ER BEKÜMMERT AN DIE TAGE IN HAFT ZURÜCKDENKEN:
DER RAMADAN HAT BEGONNEN.
ALS DIE ZELLE KLAR WAR
... VERKROCH ICH MICH IN EINE ECKE UND LAS
... IN DER MITGEBRACHTEN KORAN-EXEGESE.
DIE HÄFTLINGE HÖRTEN AUF, RUHELOS UMHERZULAUFEN, UND KAMEN ZU MIR, WIR UNTERHIELTEN UNS, SIE FRAGTEN, WAS ICH LESE.
DIE KORAN-EXEGESE, SAGTE ICH UND ERKLÄRTE, WAS ‚EXEGESE' BEDEUTET.
QURAN
SIE WAREN BEEINDRUCKT, ZEIGTEN MIR RESPEKT, BEWIRTETEN MICH, BESORGTEN MIR EINEN SCHLAFPLATZ.

ER SITZT EINE WOCHE IM GEFÄNGNIS. BEI DER ZWEITEN VERHANDLUNG KOMMT ER GEGEN 500.000 LIRA KAUTION FREI. AM ENDE LAUTET DAS URTEIL SECHS MONATE HAFT, ES WIRD IN 920.000 LIRA GELDSTRAFE UMGEWANDELT.
DOCH STATT ENTMUTIGT ZU SEIN, IST SEIN ZORN GESCHÄRFT.
SEINE METHODE HAT FUNKTIONIERT, DIE PARTEI ERHÖHT IHREN ANTEIL AUF FAST 18 PROZENT. ER HAT BEWIESEN, DASS SEINE STRATEGIE RICHTIG IST.
RP
DIE VERLORENE WAHL 1989 HAT IHM EINE ZUKUNFT ERÖFFNET. NICHT NUR BEYOGLU, IST AUF IHN AUFMERKSAM GEWORDEN.

Le Monde
TAYYIP ERDOGAN WENDET SICH VOM ERSTEN STOCK EINES ROHBAUS IN KASIMPASA AN DAS VOLK. IN DER HAND EIN MIKROFON AM KABEL, AUF EINEN ALTMODISCHEN MINIBUS MONTIERTE KNISTERNDE LAUTSPRECHER. AUCH WENN SOGLEICH ZU ERKENNEN IST, DASS DIE KAMPAGNE MIT BESCHRÄNKTEN MITTELN GEFÜHRT WIRD, GELINGT ES DEM JUNGEN
MANN DOCH MIT EINER DIE MENSCHEN INS HERZ TREFFENDEN RHETORIK, MIT IN WORT UND KÖRPERSPRACHE MÜHELOS ZUM AUSDRUCK GEBRACHTER AUTHENTIZITÄT UND AUFRICHTIGKEIT, DIE MENGE ZU ERREICHEN. DIESEN JUNGEN, SOZIALDEMOKRATISCHE IDEEN HEGENDEN KANDIDATEN DER ISLAMISTISCHEN WOHLFAHRTSPARTEI GILT ES, AUFMERKSAM ZU BEOBACHTEN.

1991–1993

ZWIST

„Erwachsen werden heißt den Vater töten“

DIE WELT BEOBACHTET NICHT NUR DIE TÜRKEI, SONDERN AUCH ÄGYPTEN, TUNESIEN UND ALGERIEN AUFMERKSAM. VIELERORTS BESTÜRMT DER POLITISCHE ISLAM DIE TÜREN: BEI WAHLEN AN DEN URNEN, OHNE WAHLEN IM UNTERGRUND ...
IN ÄGYPTEN ERWEITERN DIE MUSLIMBRÜDER UNTER SADATS REPRESSIVEM REGIME IHREN WIRKUNGSKREIS UND SIND STÄRKSTE OPPOSITIONELLE KRAFT.
IN TUNESIEN BEKOMMT DIE ENNAHDA-BEWEGUNG DES ALS „GEMÄSSIGTER ISLAMIST“ GELTENDEN RACHID GHANNOUCHI MIT UNABHÄNGIGEN KANDIDATEN 13 PROZENT BEI DEN WAHLEN.
IM SELBEN JAHR ÖFFNET SICH IN ALGERIEN MIT EINER NEUEN VERFASSUNG DIE TÜR ZUM MEHRPARTEIENSYSTEM. ALS DIE BEI DEN KOMMUNALWAHLEN 1990 ERFOLGREICHE ISLAMISCHE HEILSFRONT AUCH DIE ERSTE RUNDE DER PARLAMENTSWAHLEN 1991 GEWINNT, SCHREITET DAS MILITÄR EIN UND ERGREIFT DIE MACHT.

DIESE ERFAHRUNGEN ANFANG DER 90ER IN ÄGYPTEN, TUNESIEN, ALGERIEN UND DER TÜRKEI WERFEN FRAGEN AUF: KÖNNEN ETWA ISLAMISTEN AUF DEMOKRATISCHEN WEGEN AN DIE MACHT KOMMEN? WIRD DAS MILITÄR EINGREIFEN, WENN SIE DAS SYSTEM INFRAGE STELLEN? ERDOGAN VERANSTALTET IN DER PARTEI DAZU SOGLEICH EIN ALGERIEN-PANEL:
ICH VERURTEILE DIE EREIGNISSE IN ALGERIEN. DAS IST EINE MISSACHTUNG DES ALGERISCHEN VOLKES.
TROTZ EINES UNFAIREN WAHLSYSTEMS GEWINNEN SIE DIE WAHL,
... DOCH DAS MILITÄR RESPEKTIERT DEN WILLEN DES VOLKES NICHT, SONDERN PUTSCHT SICH AN DIE MACHT.
KEINE MACHT, DIE SICH NICHT AUF DAS VOLK STÜTZT, KANN BESTEHEN. SIE WIRD VIELMEHR STÜRZEN. DIESES SCHICKSAL ERWARTET AUCH DIE PUTSCHISTEN DORT.
SEINE WORTE ÜBER ALGERIEN SIND IM GRUNDE EINE BOTSCHAFT AN DAS TÜRKISCHE MILITÄR.

WÄHREND ERDOGAN DEM MILITÄR NOCH DEN PULS MISST, PLANT FETHULLAH GÜLEN, DER EBENFALLS POLITIK MIT DEM ISLAM MACHT, BEREITS DIE INFILTRATION DER ARMEE.
DURCH INFILTRATION DER VERWALTUNG IN BILDUNG UND JUSTIZ WILL ER VOR ALLEM IM INLAND MACHT GEWINNEN.
GEHT IN DIE VERWALTUNG UND IN DIE JUSTIZ,
... BEWEGT EUCH, OHNE AUFZUFALLEN, DURCH DIE LEBENSADERN DES STAATES.
WANDERT DURCH DIE HAUPTADERN DES SYSTEMS, BIS IHR IN DEN MACHTZENTREN SITZT.
DIE ZEIT IST NOCH NICHT REIF, UM AKTIV ZU WERDEN. WARTET, BIS DIE UMSTÄNDE PASSEN. JEDER SCHRITT, DEN IHR SETZT, BEVOR IHR DIE GESAMTE MACHT INNEHABT, IST VERFRÜHT.
DIESER LANGFRISTIGEN STRATEGIE FOLGT AUCH ERDOGAN IM STILLEN. DIE ABSOLVENTEN DER AUSBILDUNGSSTÄTTEN FÜR JUSTIZ, VERWALTUNG UND NATÜRLICH MILITÄR SOLLEN DAS SYSTEM VON INNEN UMFORMEN UND DIE KADER DES ANGESTREBTEN ISLAMISCHEN STAATES BILDEN.

20. OKTOBER 1991
IM ESTABLISHMENT BEGINNT ES ZU KNIRSCHEN. DIE SEIT ACHT JAHREN REGIERENDE MITTE-RECHTS-PARTEI ANAP WIRD ABGEWÄHLT.
DAS MODELL EINER STARKEN EIN-PARTEIEN-REGIERUNG BRICHT ZUSAMMEN, FÜNF PARTEIEN ZIEHEN INS PARLAMENT EIN. ZWEI PARTEIEN VON MITTE-RECHTS UND -LINKS BILDEN EINE KOALITIONSREGIERUNG.
P

NACH DIESER WAHL KEHRT ERBAKAN INS PARLAMENT ZURÜCK. VON ZWEI KLEINEN PARTEIEN UNTERSTÜTZT, ERHÄLT DIE WOHLFAHRTSPARTEI 17 PROZENT UND WIRD VIERTGRÖSSTE PARTEI.
„DIE ISLAMISTEN KOMMEN", DER SATZ LÖST IN MANCHEN KREISEN EUPHORIE AUS, IN ANDEREN ANGST.

ERDOGAN WIRD ALS ABGEORDNETER VON ISTANBUL GEWÄHLT.
SEINE PARTEI HAT IHREN STIMMENANTEIL IN ISTANBUL VERDOPPELT.
ENDLICH HAT ER ES GESCHAFFT ...

IN DER PARTEIZENTRALE HERRSCHT EUPHORIE. MITTAGS WIRD IM HOF VOR ERBAKANS DIENSTWAGEN GEBETET.
ERBAKAN

ERDOGAN WIRD VON DER PARTEI MIT APPLAUS BEGRÜSST,
... BEGEHT ABER DEN FEHLER, SEINEN WAGEN NEBEN ERBAKANS FAHRZEUG ZU PARKEN.
ERBAKAN
Erdoğan
DIESE WAHL HAT ERNEUT GEZEIGT, DASS DER BESTE WEG ZU MEHR STIMMEN IST, MIT DEN BÜRGERN INS GESPRÄCH ZU KOMMEN, IHRE NÄHE ZU SUCHEN.

DIE SHOW MIT DEM WAGEN ...
WIR WOLLEN KOPFTUCHTRÄGERINNEN MIT NICHTTRÄGERINNEN VEREINEN. DIE GESELLSCHAFT LEBT UNTER ZWEI GLASGLOCKEN. DAS WOLLEN WIR BEENDEN.
... DASS ER WEITER VON DER MAUER ZWISCHEN VOLK UND PARTEI SPRICHT ...
ES GIBT IMMER NOCH MAUERN, DIE UNS VOM VOLK TRENNEN, DIE MÜSSEN WIR EINREISSEN.
... SEINE KRITIK AN DEN SEKTEN IN DER PARTEIBASIS, ALL DAS GEFÄLLT DEN PARTEIKADERN UND ERBAKAN NICHT. ER BEOBACHTET ERDOGAN AUS EINEM FENSTER.
DIESE WAHL HAT GEZEIGT, DASS WIR VON DEN SEKTEN NICHT SO VIELE STIMMEN WIE ERWARTET ERHIELTEN.
RP

DA WIR IN FERNSEHEN UND PRESSE NICHT GENUG PLATZ BEKOMMEN, MÜSSEN WIR AUF DIE STRASSEN UND PLÄTZE GEHEN UND UNS MIT DEM VOLK VEREINEN.
SIE ZÜRNEN IHM AUCH, WEIL ER ISTANBUL EIGENMÄCHTIG UND UNABHÄNGIG VON DER ZENTRALE FÜHRT.
EIN SPRUCH GEHT UM: „ERDOGAN HAT ES AUF ERBAKANS THRON ABGESEHEN.“ UND DER KONSERVATIVE FLÜGEL DES ORDENS, DEM ER ANGEHÖRT, IST ÜBER DIE ÖFFNUNG IM WAHLKAMPF VERÄRGERT.
DESHALB MÜSSEN WIR UNS BEI DEN NÄCHSTEN WAHLEN AN ANDERE KREISE RICHTEN, DIE UNS BESSER VERSTEHEN.
UNSER VORSTOSS WIRD FORTGESETZT UND FÜHRT UNS MIT GOTTES WILLEN ZUM ABSOLUTEN RESULTAT.
DIE GEFAHR MUSS ERSTICKT WERDEN, BEVOR SIE WÄCHST.

ELF TAGE DARAUF GESCHEHT UNGLAUBLICHES:
DER IN ISTANBUL UNTERLEGENE KANDIDAT DER WOHLFAHRTSPARTEI FICHT DAS ERGEBNIS AN, WEIL ER ANGEBLICH MEHR STIMMEN HABE. DEM EINSPRUCH WIRD STATTGEGEBEN.
ERDOGAN SOLL SEINEN ABGEORDNETENSESSEL WIEDER HERGEBEN.
ALS ER DAVON ERFÄHRT, FÄLLT ER IN OHNMACHT.
WIEDER EINMAL VERLIERT ER DIE WAHL, DIE ER GEWONNEN GLAUBTE,
... ALS ER SICH AUF DEM GIPFEL SIEHT,
... STÜRZT ER.

ALS ERDOGAN ERWACHT, IST ER NICHT MEHR DER ALTE. ER NIMMT DIE SACHE HIN, DOCH JETZT STEHT DEUTLICH DIE WOLKE DES ZORNS IN SEINEN AUGEN.

DAS HINDERNIS VOR SEINEM ABGEORDNETENPOSTEN IST NICHT DIE WÄHLERLISTE, SONDERN SEIN PARTEICHEF, SEIN POLITISCHES VORBILD, DEN ER WIE EINEN VATER SCHÄTZT UND NIE VERLASSEN HAT, DAVON IST ER ÜBERZEUGT.
UNTERSCHWELLIG HAT DER SIEBEN JAHRE WÄHRENDE KONFLIKT ZWISCHEN ERNEUERERN UND TRADITIONALISTEN BEGONNEN. AN SEINEM ENDE WIRD DAS SCHICKSAL DER TÜRKEI EIN ANDERES SEIN.

ERDOGAN MEINT, ERBAKAN UND SEINE „ALTEN WEISEN“ SEIEN UNFÄHIG, AUF DIE ANDERE SEITE DER MAUER ZU SCHAUEN.
MANCHE KAMERADEN BETRACHTEN UNSERE BÄRTIGEN GENOSSEN IN PLUDERHOSEN ALS HINDERNIS FÜR DIE SACHE.
WENN DAS SO WEITERGEHT, HEISST DIE PARTEI BALD ‚FEIND DER BÄRTE UND PLUDERHOSEN‘!
SIE DENKEN NUR: „LIEBER KLEIN, ABER UNTER UNS“ … … SIND UNFÄHIG ZUR ÖFFNUNG.
SIE DRAMATISIEREN EINEN KNEIPENBESUCH, DIE UMARMUNG EINES BETRUNKENEN.
SIE WERDEN AUCH DIE ERNEUERER BEHINDERN, DIE AUS DER WOHLFAHRTSPARTEI EINE MASSENORGANISATION MACHEN WOLLEN.
SIE RÜHMEN SICH, DEN PATRIARCHEN, EINE KIRCHE, PFARRER BESUCHT ZU HABEN, ABER DASS SIE BEIM MUFTI VON ISTANBUL GEWESEN WÄREN, HAB ICH NICHT GEHÖRT.
ERDOGAN MAG GLAUBEN, SELBST DIE WAHL GEWONNEN ZU HABEN, DIE PARTEIMÄNNER ABER HALTEN IHN FÜR EINEN GIERIGEN OPPORTUNISTEN, DER UM DER MACHT WILLEN ALLES RISKIEREN WÜRDE …
MÄDCHEN IM MINIROCK, DIE IN ISTANBUL FÜR DIE PARTEI IM EINSATZ WAREN, HABEN DIE BASIS VERSTÖRT.
… GLAUBEN, ER SÄGE AN ERBAKANS STUHL.
ES GIBT KEIN PROBLEM IN DER PARTEI, ES GIBT PROBLEMATISCHE LEUTE, DIE ES AUF ERBAKANS POSITION ABGESEHEN HABEN …

PERFIDE PROPAGANDA GEHT UM.
ERDOGAN MACHT SICH IM INNERN BEREIT FÜR DEN GROSSEN BRUCH.
ER WIRD TUN, WOZU ER ALS KIND NICHT IMSTANDE WAR.
ANGEBLICH STREBE ICH DEN PARTEIVORSITZ AN.
ER WIRD DEN MANN, DEN ER VATER NENNT, HERAUSFORDERN.
ICH MUSS SAGEN, DASS ICH MIT UNSEREM HODSCHA ÜBERHAUPT NICHT ZU VERGLEICHEN BIN, IN DIESER HINSICHT GENÜGE ICH NICHT.
DOCH ES IST NOCH ZU FRÜH.
BEI DER REAKTION AUF DIE KRITIK SPRICHT SEINE ZUNGE ANDERS ALS DIE STIMME IN SEINEM KOPF.
DA WIRD ZWIETRACHT GESÄT.

*WIR WOLLEN DIE SCHARIA!

DAS GLEICHGEWICHT VERÄNDERT SICH. DIE KOALITIONSPARTNER DER MITTE VERLIEREN AN ANSEHEN, WEIL SIE UNFÄHIG SIND, DEN BRAND ZU LÖSCHEN.
NACH ENDE DES WAFFENSTILLSTANDS MIT DER PKK WIRD DIE ARMEE EIN NOCH STÄRKERER POLITISCHER AKTEUR.
DAS GRAUEN VON 1993 BEREITET DEN WANDEL VON 1994 VOR.

OKTOBER 1993
PARTEITAG DER WOHLFAHRTSPARTEI
HALTEN WIR AN GOTTES FADEN FEST. LAUFEN WIR NICHT AUSEINANDER.
RP
MUSLIME MÜSSEN ZUSAMMENSTEHEN. GOTTES SEGEN SEI MIT EUCH.
DIE REDNERIN VOR DEN DELEGIERTEN IST DAS MANNEQUIN GÜLAY PINARBASI, MISS GLOBE TÜRKEI, EINE BEKANNTE SCHAUSPIELERIN.
MIT DEM IM BEISEIN TAYYIP ERDOGANS ANGEHEFTETEN ABZEICHEN UND OHNE KOPFTUCH TRITT SIE IN DIE PARTEI EIN.
DAS IST DER BELEG DAFÜR, DASS ERDOGAN SICH MIT DER NEUDEKORATION DER SCHAUFENSTER AUCH DER PARTEIZENTRALE BEMÄCHTIGT HAT.

AM NÄCHSTEN TAG BERICHTEN DIE ZEITUNGEN MEHR ÜBER DEN BEITRITT VON MISS GLOBE ALS ÜBER ERBAKANS REDE.
DER KONSERVATIVE FLÜGEL GEHT ZUM GEGENANGRIFF ÜBER UND VERBREITET, ERDOGAN HABE DIE PARTEI MIT EINEM VIRUS INFIZIERT UND VERÄNDERT:
RP
DIESE SILIKONPUPPEN SIND EINE REFORMKRANKHEIT. WAS FÜR MENSCHEN MÜSSEN DEREN MÄNNER SEIN?
HAT EIN MANN GEHEIRATET, FÜHRT ER SEINE FRAU NICHT DER GESELLSCHAFT VOR.
DAS WIRD NICHT GUT AUFGENOMMEN, SCHON GAR NICHT IN DER WOHLFAHRTSPARTEI. MIT SOLCHEN LEUTEN KOMMT DIE PARTEI NICHT AN DIE MACHT. DIE BASIS SETZT AUF DEN ISLAM ...
... DIE ABER SEHEN GAR NICHT NACH ISLAM AUS. DAS VERTRÄGT DIE ORGANISATION NICHT.

ALLER KRITIK ZUM TROTZ BEGINNT ERDOGAN, SICH UND DIE PARTEI ZU VERÄNDERN.
DOCH IST DAS EIN ECHTER WANDEL?
... ODER EINE „VERSTELLUNG“, WEIL ER ERKANNT HAT, DASS ER NUR AUF DIESE ART SIEGEN WIRD?
ALS DIE TÜRKEI DIE ANTWORT AUF DIESE FRAGE ERFÄHRT, IST ES LÄNGST ZU SPÄT.
ANMERKUNG:
SADIK ALBAYRAK, DER DIE VERÄNDERUNG IN DER PARTEI ALS „ERNEUERUNGSVIRUS“ KRITISIERTE UND KLAGTE, DIE PARTEI ENTFERNE SICH VOM ISLAM, WURDE ZEHN JAHRE SPÄTER ERDOGANS VERWANDTER. TRAUZEUGE VON ALBAYRAKS SOHN UND ERDOGANS TOCHTER WAR ÜBRIGENS DER GRIECHISCHE MINISTERPRÄSIDENT KARAMANLIS, EIN CHRIST.

1994
BISMILLAH
Alles begann mit einem Ring

1994
JAHR DER KOMMUNALWAHLEN.
JETZT STEHEN WIR VOR DEN STADTMAUERN. SO GOTT WILL, WIRD UNS DIE RÜCKEROBERUNG ISTANBULS ZUTEIL.
BEVOR SEINE PARTEI DEN BÜRGERMEISTERKANDIDATEN FÜR ISTANBUL ÜBERHAUPT AUFSTELLT, ERKLÄRT ERDOGAN SICH ZUR EROBERUNG DER STADT BEREIT.
SEID IHR BEREIT, FÜR DEN WANDEL EINZUSTEHEN?

DIE GUTE NACHRICHT ERHÄLT ER IM AUTO ...
ELHAMDÜLILLAH! GEPRIESEN SEI GOTT!
... AM HANDY, EINEM NOVUM IN DER TÜRKEI.
EINVERSTANDEN, INSCHALLAH!
NUN KANDIDIERT ER FÜR DIE WOHLFAHRTSPARTEI ALS BÜRGERMEISTER FÜR ISTANBUL.
ALLES GUTE!
ER TRAT IN FÜNF JAHREN BEI DREI WAHLEN AN UND SCHEITERTE DREIMAL.
DIESMAL WIRD ER ALLES GEBEN, UM ZU GEWINNEN.

1
ERSTENS SCHRUMPFT DIE REPUTATION DER REGIERENDEN SOZIALDEMOKRATEN AUFGRUND EINES KORRUPTIONSSKANDALS.
vay Tayyip Ağa vay
2
ZWEITENS KÖNNEN SICH DIE MITTE-LINKS- UND MITTE-RECHTS-PARTEIEN NICHT AUF EINEN GEMEINSAMEN KANDIDATEN EINIGEN, JEDER TRITT FÜR SICH AN.
Ecevit: RP, adayını Çeksin
3
DEN DRITTEN GROSSEN FEHLER BEGEHT DIE PRESSE. DREI TAGE VOR DER MELDUNG DER KANDIDATEN SCHIESST SIE SICH AUF ERDOGAN EIN, DER IN UMFRAGEN VORN LIEGT.
VOR DEN WAHLEN EBNEN VIER GROSSE FEHLER DES ESTABLISHMENTS ERDOGAN DEN WEG ZUM GIPFEL.
DIE ENTHÜLLUNG, DASS RECEP TAYYIP ERDOGAN, DER BÜRGERMEISTERKANDIDAT DER WOHLFAHRTSPARTEI FÜR ISTANBUL, 1986 WEGEN ILLEGALEN HAUSBAUS VERURTEILT WURDE, SCHLÄGT IN DER ÖFFENTLICHKEIT WIE EINE BOMBE EIN.

MIR LIEGT TAYYIPS AKTE ÜBER DEN ILLEGALEN HAUSBAU VOR.
4 DER DIFFAMIERUNGSKAMPAGNE SCHLIESST SICH AUCH DIE DAMALIGE PREMIERMINISTERIN TANSU CILLER AN.
REGIERUNG UND MEDIEN DENKEN, DEN VERÄCHTLICH BEIM VORNAMEN GENANNTEN „TAYYIP" GLEICH ZU BEGINN ERLEDIGT ZU HABEN.

UND „TAYYIP"?
GEHT NICHT ANS TELEFON, VERFOLGT GUT GELAUNT, WIE IMMER MEHR ANGRIFFE KOMMEN. DAS WAR DER „PASS ZUM TOR", AUF DEN DER ALTE FUSSBALLER GEWARTET HAT. ALS ER KOMMT, SCHIESST ER:

SHOW T.V.
JA, DAS HAUS, IN DEM ICH WOHNE, IST ILLEGAL! FINDE ICH DAS ANSTÖSSIG?
KEINESWEGS!
DENN ICH WEISS, DASS MINDESTENS 60 PROZENT DER WOHNHÄUSER IN ISTANBUL IN DERSELBEN LAGE SIND.
WEIL DIE REGIERENDEN NICHT IHRE PFLICHT TATEN, ALS DIE STÄDTE WUCHSEN, WOHNEN DIE BÜRGER GEZWUNGENERMASSEN IN HÄUSERN OHNE BAUGENEHMIGUNG.
ICH BIN EINER DIESER BÜRGER.
ES STÖRT MICH ÜBERHAUPT NICHT, EINER VON IHNEN ZU SEIN,
... DIESELBEN PROBLEME ZU HABEN WIE SIE UND IHR SCHICKSAL ZU TEILEN ...
DIESES SCHICKSAL KENNT ER SEIT DER KINDHEIT ...
DARUM VERSTEHT ER DEN WANDEL IN ISTANBUL UND DER TÜRKEI BESSER ALS ALLE ANDEREN.

DASS DIE IN EINER VILLA LEBENDE MINISTERPRÄSIDENTIN IHN WEGEN ILLEGALEN HAUSBAUS ATTACKIERT,
... MACHT IHN ZUM HELDEN DER IN ILLEGALEN BAUTEN LEBENDEN ARMEN GEGEN DIE MINDERHEIT DER REICHEN.
DANK DES GEMEINSAMEN ANGRIFFS DES ESTABLISHMENTS WIRD ER ZUR STIMME DER GEGEN DAS SYSTEM AUFGESTAUTEN WUT UND ZUR EINZIGEN ALTERNATIVE.

*VEREHRTER VORSITZENDER, DER EINSTIEG IN DEN WAHLKAMPF SOLL MEIN RING SEIN.

TAGSÜBER KLAPPERT ER DIE GASSEN ISTANBULS AB ...
ABENDS PLANT ER MIT WISSENSCHAFTLERN DIE ZUKUNFT DER STADT.
EIN VERSPRECHEN LAUTET, EINE MOSCHEE AUF DEN BEKANNTESTEN PLATZ DER STADT ZU STELLEN.
VON EINEM HÜGEL MIT BLICK ÜBER DIE GANZE STADT AUS ZEIGT ER STOLZ DEN PLATZ FÜR DIE MOSCHEE.
AUF DEM TAKSIM-PLATZ, DEM ZENTRUM ISTANBULS,
... DEM KULTURZENTRUM, EINEM SYMBOL DER MODERNEN TÜRKEI, GENAU GEGENÜBER.
ER MUSS EIN VIERTELJAHRHUNDERT WARTEN, BIS ER GENUG MACHT HABEN WIRD, UM DIE MOSCHEE AUF DIESEN PLATZ ZU SETZEN.

AM ENDE DES WAHLKAMPFS HÄLT ER EINE REDE, DIE LANGE IN ERINNERUNG BLEIBEN SOLL:
DAMALS DENKEN WENIGE DARAN, WOHIN DIESE WORTE FÜHREN KÖNNEN.
„WENN DAS VOLK EIN TOTALITÄRES REGIME WILL, MÜSSEN WIR DAS RESPEKTIEREN. KOMMT SO EIN REGIME UND LEIDET DAS VOLK ES NICHT, WIRD WIEDERUM DAS VOLK DIES ÄNDERN."
RP
RP

27. MÄRZ 1994
ALS SPÄTABENDS DIE ERGEBNISSE VERKÜNDET WERDEN, IST DAS EIN SCHOCK FÜR DIE MEISTEN. IN DER TÜRKEI HAT ES EIN „WOHLFAHRTSBEBEN“ GEGEBEN. ERDOGAN FEIERT FREUDIG SEINEN TRIUMPH, ERST IN DER PARTEI ...
... DANN ZU HAUSE.
DIE POLITIK DER MITTE WANKT, ERBAKANS PARTEI HAT ENTGEGEN ALLEN VORHERSAGEN EINEN GEWALTIGEN SIEG ERRUNGEN. ANKARA IST GEFALLEN, AUCH DIE KURDISCHEN PROVINZEN IM OSTEN UND SÜDOSTEN SIND FAST ALLE AN DIE WOHLFAHRTSPARTEI GEGANGEN.

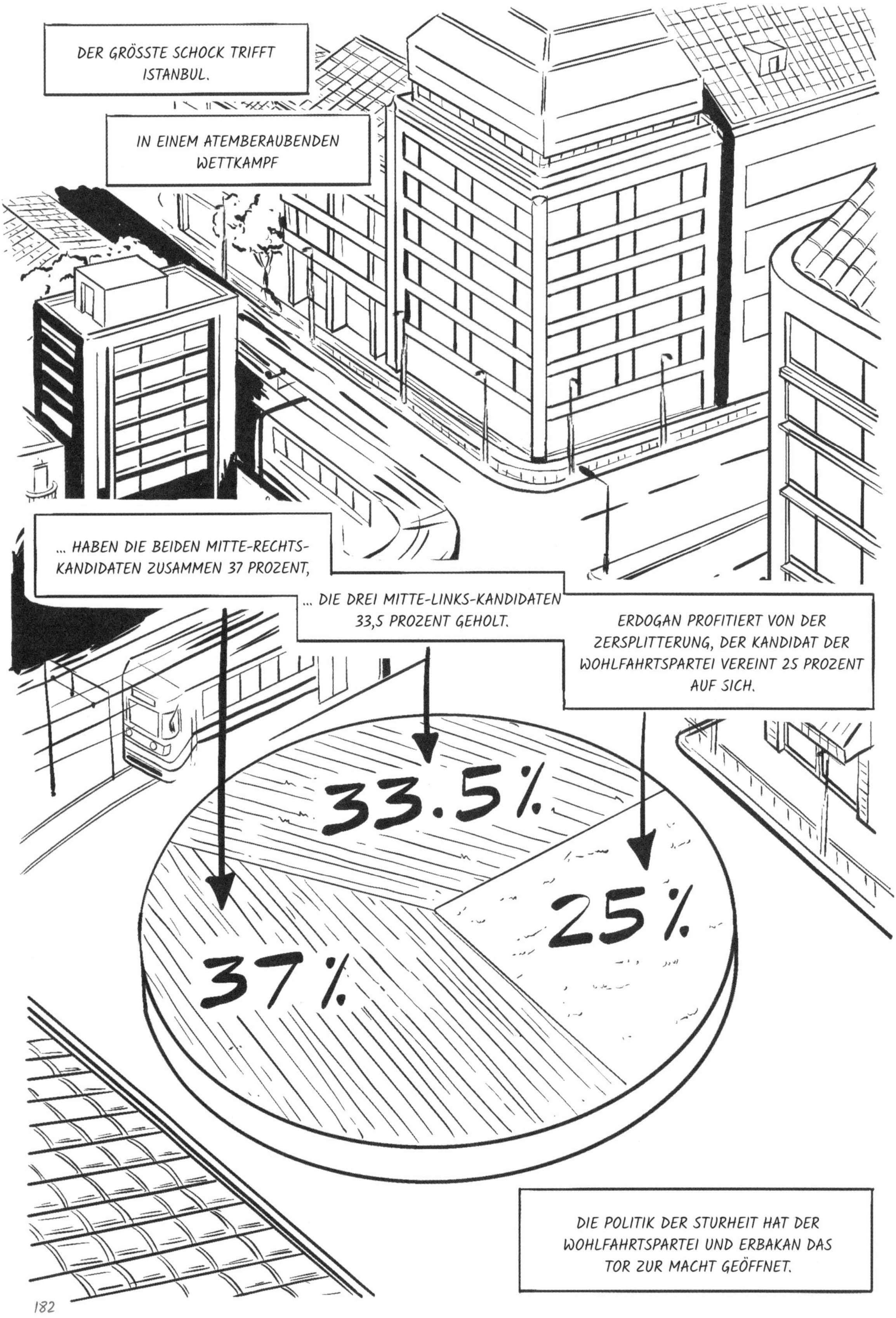
DER GRÖSSTE SCHOCK TRIFFT ISTANBUL.
IN EINEM ATEMBERAUBENDEN WETTKAMPF
... HABEN DIE BEIDEN MITTE-RECHTS-KANDIDATEN ZUSAMMEN 37 PROZENT,
... DIE DREI MITTE-LINKS-KANDIDATEN 33,5 PROZENT GEHOLT.
ERDOGAN PROFITIERT VON DER ZERSPLITTERUNG, DER KANDIDAT DER WOHLFAHRTSPARTEI VEREINT 25 PROZENT AUF SICH.
33.5%
25%
37%
DIE POLITIK DER STURHEIT HAT DER WOHLFAHRTSPARTEI UND ERBAKAN DAS TOR ZUR MACHT GEÖFFNET.

ERSCHÖPFT, ABER GLÜCKLICH VERKÜNDET ER AM NÄCHSTEN MORGEN GLEICH IN SEINER ERSTEN REDE DAS „NEUE ISTANBUL DER SIEGER“:
ES GIBT ZWEI ISTANBULS:
... EINS IST DAS ISTANBUL DER REICHENVIERTEL MODA, BEBEK, ATAKÖY,
... DAS ANDERE DAS ISTANBUL DER ARMENVIERTEL BAGCILAR, SULTANBEYLI ...
JETZT KOMMT DAS ZWEITE ISTANBUL AN DIE MACHT.

NUN HAT ER DIE PRÄCHTIGE STADT EROBERT, AUF DEREN MATSCHIGEN FELDERN ER ALS KIND EINER ARMEN FAMILIE BOLZTE ...
ICH HAB DICH BESIEGT, ISTANBUL!

JETZT GEHÖRST DU MIR!
ER IST ERST 40.
ER SOLL ISTANBUL EIN VIERTELJAHRHUNDERT BEHALTEN UND ALLEN, DIE IHN ALS „TAYYIP“ VERACHTEN, DAS HANDWERK LEGEN.

1994–1997

DER ISLAMIST

„Demokratie ist der Weg, nicht das Ziel“

JETZT BEGINNT DIE PRÜFUNG DES POLITISCHEN ISLAMS IN LAIZISTISCHER DEMOKRATIE.
SIE SCHLIESSEN ANGEBLICH KNEIPEN, BARS UND BORDELLE.
BEIDE WOLLEN DIE GRENZEN DES ANDEREN AUSTESTEN.
ES HEISST, ALKOHOL WIRD VERBOTEN.
ALLE AUGEN RICHTEN SICH AUF ERDOGAN, DER DIE GRENZEN SPRENGT.
ES SOLL GETRENNTE BUSSE FÜR MÄNNER UND FRAUEN GEBEN.
MANCHE SIND BESORGT ...
DER RÜCKSCHRITT GEHT UM. DIE SCHARIA WIRD ZUERST IN ISTANBUL UMGESETZT.
... ANDERE VOLLER RESPEKT.
WAS HABEN UNS DENN DIE ANDEREN GEBRACHT? PROBIEREN WIR DOCH DAS ERST MAL AUS, SCHAUEN WIR.

15. APRIL 1994 [redacted]
DEN ERWARTETEN SKANDAL BIETET ERDOGAN GLEICH IN DER ERSTEN SITZUNG. TRADITIONELL BEGINNT DIE SITZUNG DES STADTRATS MIT EINER GEDENKMINUTE FÜR ATATÜRK.
DER NEUE BÜRGERMEISTER IGNORIERT DIE TRADITION, DIE ER FÜR „WESTLICH" HÄLT.
OBWOHL DIE DELEGIERTEN DER ANDEREN PARTEIEN AUFSTEHEN UND DAS GEDENKEN HALTEN,
... ZEIGT ER MIT SEINER REDE AM ERSTEN TAG, DASS ER EIN VÖLLIG ANDERER BÜRGERMEISTER SEIN WIRD.
STOCKSTEIF DASTEHEN IST MEINES ERACHTENS KEIN GEDENKEN.
DAS BRINGT DEN VERSTORBENEN GAR NICHTS.
ICH SPRECHE FÜR ALLE MEINE TOTEN IM SITZEN DAS FATIHA-GEBET.
SPRECHEN WIR JETZT DIE FATIHA FÜR ALLE GROSSEN TÜRKEN IN DER GESCHICHTE.
SO BEGINNT DAS TAUZIEHEN ZWISCHEN RELIGIÖSER POLITIK UND LAIZISMUS.

AUCH BEIM PROTOKOLLARISCHEN ABENDESSEN AM SELBEN TAG MUSS ER AUFSTEHEN.
ALS FÜR DEN ALBANISCHEN PRÄSIDENTEN AUF STAATSBESUCH DIE CHAMPAGNERGLÄSER GEHOBEN WERDEN,
... ZIEHT ER ES VOR, OHNE GLAS WÜTEND AUF DEN BODEN ZU STARREN.

SEIT JENEM TAG WIRD DIE TÜRKEI DURCH SEINE TATEN UND WORTE ERSCHÜTTERT.
18. APRIL 1994
DAMALS STEHT DAS WASSERPROBLEM AUF DER AGENDA. DER EHEMALIGE BÜRGERMEISTER HAT ES MIT WOLKENIMPFEN VERSUCHT. ERDOGAN BRINGT SEINE IDEE VOR:
WIR HALTEN EIN REGENGEBET AB.
4. JULI 1994
IN EINER FERNSEHSENDUNG ANTWORTET ER AUF DIE FRAGE, OB SEINE TOCHTER BALLETTTÄNZERIN WERDEN MÖCHTE: „GOTT SEI DANK HAT SIE KEINE DERARTIGEN TRÄUME. WAS EINE BALLERINA DARSTELLT, IST DOCH KLAR. ICH BIN GEGEN ALLES UNTER DER GÜRTELLINIE."
HÄTTEN SIE MIR DIE HAND GEGEBEN, WENN ICH ALS BALLETTTÄNZERIN HIER STÜNDE?
ICH HÄTTE IHNEN GERATEN, DEN BERUF ZU WECHSELN.
19. SEPTEMBER 1994
ERDOGAN, DER ZUM FREITAGSGEBET IN DIE ORTAKÖY-MOSCHEE KOMMT, SAGT MIT VERWEIS AUF ALKOHOL TRINKENDE JUNGE LEUTE IN DER UMGEBUNG: „SO NAH AN EINEM GOTTESHAUS SOLLTE NICHT GETRUNKEN UND KEINE LAUTE MUSIK GESPIELT WERDEN."
19. SEPTEMBER 1994
JENE, DIE SAGEN, GOTT SEI DANK BIN ICH MUSLIM,
... SOLLTEN SAGEN: ICH BIN ISLAMISCHER FUNDAMENTALIST.
ICH SAGE: GOTT SEI DANK BIN ICH ISLAMISCHER FUNDAMENTALIST.

1995
ZU SAGEN, DAS VOLK HABE DIE SOUVERÄNITÄT, IST EINE GROSSE LÜGE. GOTT HAT DIE SOUVERÄNITÄT.
SIE JAMMERN: DER LAIZISMUS GEHT UNTER! NATÜRLICH GEHT ER UNTER, WENN DAS VOLK ES WILL.
WIR LEBEN IN EINER GESELLSCHAFT, DEREN REGELN DAS AUSSERHALB UNSERES GLAUBENS STEHENDE SYSTEM AUFGESTELLT HAT. UM DIESE REGELN ZU ÄNDERN UND UNSERE EIGENE ORDNUNG AN DIE MACHT ZU BRINGEN, SCHLÜPFE ICH WENN NÖTIG AUCH IN EIN PRIESTERGEWAND.
MAN KANN NICHT ZUGLEICH MUSLIM UND LAIZIST SEIN. DU BIST ENTWEDER MUSLIM ODER LAIZIST.
ICH BIN DER IMAM VON ISTANBUL.
1,5 MILLIARDEN MENSCHEN DER ISLAMISCHEN WELT WARTEN DARAUF, DASS DIE MUSLIMISCHE TÜRKISCHE NATION AUFSTEHT. WIR STEHEN AUF. DAS AUFRECHTSTEHEN BEGINNT.

SEIN ISLAMISTISCHES GESICHT ZEIGT ERDOGAN, 30 JAHRE NACHDEM ER DIE IMAM-HATIP-SCHULE BESUCHT HAT.
ER NIMMT DIE MASKE DES VERSÖHNENDEN ANFÜHRERS AUS DEM WAHLKAMPF AB UND TRITT MIT SEINEM TEAM AN.

ER IST IM BEGRIFF, AUS DER „STRASSENBAHN DER DEMOKRATIE“ AUSZUSTEIGEN. ER HAT SIE SOWIESO NUR WIDERWILLIG GENUTZT, UM SEIN EIGENTLICHES ZIEL ZU ERREICHEN.

IN DERSELBEN LEGISLATURPERIODE GIESST PARTEICHEF ERBAKAN MIT SEINER REDE VOR DER FRAKTION ÖL INS FEUER.
DIE GERECHTE ORDNUNG WIRD EINGEFÜHRT. DAS IST UNABDINGBAR.
DIE REDE SOLL SPÄTER EINER DER GRÜNDE FÜR DAS PARTEIVERBOT WERDEN.
NACH DIESER REDE BEGINNT ES IN DER ARMEE ZU BRODELN.
WIRD DER ÜBERGANG WEICH SEIN ODER HART?
DAS URALTE PENDEL ZWISCHEN MOSCHEE UND KASERNE ...
WIRD ER BLUTIG ODER UNBLUTIG VONSTATTENGEHEN?
... IST ERNEUT IN BEWEGUNG VERSETZT.
DAS WIRD DIE ZEIT ZEIGEN.

DIE BEUNRUHIGUNG VON GESCHÄFTSWELT, NGOS, FRAUENVERBÄNDEN UND SCHLIESSLICH DER STREITKRÄFTE SPIEGELT SICH IN DER PRESSE WIDER.
PREMIER CILLER SPÜRT DIE UNRUHE IN DER ARMEE UND BITTET DEN WESTEN UM HILFE, UM EINE INTERVENTION ZU VERHINDERN.
LE FIGARO
HILFT DER WESTEN DER TÜRKEI NICHT, ETABLIEREN SICH RELIGIÖSE REGIME VOR EUROPAS TOREN.

ES FÄLLT ERDOGANS FRAU ZU, DIE AUFSTEIGENDEN ÄNGSTE ZU BESCHWICHTIGEN. MIT IHREN VIER KINDERN, ALLESAMT IMAM-HATIP-SCHÜLER, TRITT DIE FAMILIE VOR DIE KAMERAS UND EMINE ERDOGAN SPRICHT:
DIE PARTEIISCHE HALTUNG DER MEDIEN HAT INSBESONDERE BEI FRAUEN OHNE KOPFTUCH UNBEGRÜNDETE ÄNGSTE AUSGELÖST.
MAN MALT UNS GEGENEINANDER ALS SCHRECKGESPENSTER AUS. UNS TRENNT EINE HOHE MAUER. UNVERSCHLEIERTE FRAUEN SOLLEN UNS BITTE NICHT FÜRCHTEN.
ICH WAR UNVERSCHLEIERT, BIS ICH 16 WAR. ICH VERSTEHE SEHR GUT, WAS SIE EMPFINDEN. DESHALB UMARME ICH SIE VOLLER ZUNEIGUNG.
ALLE KÖNNEN UNTER UNSER DACH KOMMEN. WIE AUCH IMMER SIE SICH KLEIDEN, UNSERE TÜREN STEHEN ALLEN OFFEN.
REC.

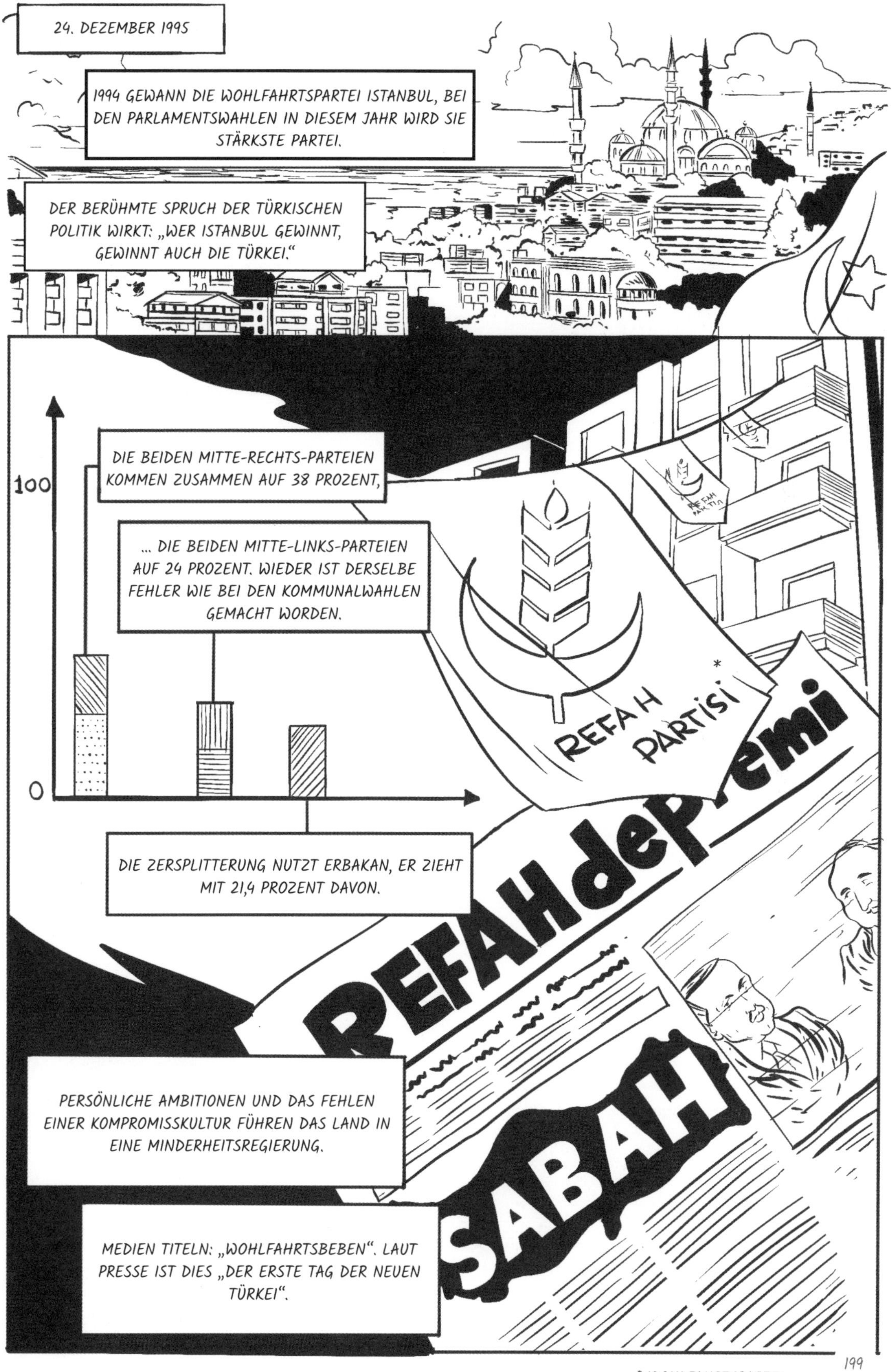

* WOHLFAHRTSPARTEI

FEBRUAR 1996
HERR VORSITZENDER, WIR ARBEITEN SEIT LANGEM ZUSAMMEN.
AM HORIZONT ZEICHNET SICH DER REGIERUNGSANTRITT DER WOHLFAHRTSPARTEI AB. ERDOGAN FLIEGT MIT SEINEM CHEFBERATER ÖMER DINCER ZU DEN FEIERN NACH ANKARA.
ICH SEHE, DASS ISTANBUL IHNEN NICHT REICHT, SIE WERDEN NACH ANKARA GEHEN.
DAS SOLLTE JETZT SCHON VORBEREITET WERDEN.
WENN SIE ERLAUBEN, FANGE ICH DAMIT AN, OHNE VIEL AUFHEBENS ZU MACHEN.
MIT ERDOGANS ZUSTIMMUNG STELLT DINCER EIN TEAM ZUSAMMEN UND MACHT SICH AN DIE ARBEIT. SIEBEN JAHRE SPÄTER WIRD ER CHEFBERATER VON „PREMIERMINISTER ERDOGAN“.

JUNI 1996
DIE NACHRICHTENAGENTUR REUTERS BEZEICHNET DEN NEUEN REGIERUNGSCHEF ERBAKAN ALS „ERSTEN ISLAMISTISCHEN PREMIERMINISTER IN DER GESCHICHTE DES NATO-MITGLIEDS TÜRKEI“.
BEIM MILITÄRPUTSCH VOR 15 JAHREN WURDE ER VERHAFTET, BIS VOR ZEHN JAHREN HATTE ER POLITIKVERBOT, MIT ALLEN MITTELN HAT MAN IHN ZU VERHINDERN VERSUCHT, MIT 70 STEHT ER NUN ALS MINISTERPRÄSIDENT IN KOALITION MIT DER MITTE-RECHTS-PARTEICHEFIN TANSU CILLER AUF DEM GIPFEL DER MACHT.

ERBAKAN FEIERT SEINEN TRIUMPH UND ZEIGT GLEICH AM ERSTEN TAG, DASS ER ANDERS IST.
RP
ANDERS ALS ALLE ANDEREN MINISTERPRÄSIDENTEN SPRICHT ER NICHT VON LAIZISMUS. ER ERKLÄRT, SEINE ERSTE AUSLANDSREISE UNTERNEHME ER IN DEN IRAN.
IM HISTORISCHEN KAMPF ZWISCHEN „ESTABLISHMENT“ UND „WELLE VON UNTEN“ SETZT EINE KRITISCHE PHASE EIN.

IM ZWEITEN MONAT DER WOHLFAHRTSREGIERUNG FORMULIERT DER NEUE GENERALSTABSCHEF WIDERSTAND. SEINE WORTE BEI EINEM EMPFANG IN ANWESENHEIT ERBAKANS KLINGEN WIE EIN GESTÄNDNIS:
IN EINEM GESPRÄCH MIT EINEM VOR CHOMEINI GEFLOHENEN IRANISCHEN KOMMANDEUR FRAGTE ICH IHN: ‚WIE KANN ES SEIN, DASS IHR DIE REAKTIONÄRE ENTWICKLUNG NICHT BEMERKT HABT?‘
SEINE ANTWORT: ‚WENN SIE EINE BLUME UNABLÄSSIG BEOBACHTEN, FÄLLT IHNEN GAR NICHT AUF, DASS SIE WÄCHST.
WAS DA IN ZENTIMETERSCHRITTEN GESCHAH, HIELTEN WIR FÜR DIE REINEN GEFÜHLE UNSERES VOLKES.
ALS WIR AUFWACHTEN, WAR ES ZU SPÄT.‘
DIE ARMEE HAT ERST SEHR SPÄT BEMERKT, WIE STARK DIE ISLAMISTEN WURDEN, UND ALS SIE ES MERKEN, IST ES ZU SPÄT.

14. JULI 1996
IN DIESEM KLIMA GIBT ERDOGAN EINES DER WICHTIGSTEN INTERVIEWS SEINER BISHERIGEN POLITISCHEN LAUFBAHN. ER VERKÜNDET, DEMOKRATIE SEI NICHT SEIN ZIEL, UND BESTÄTIGT DAMIT DIE BESORGNIS.
ZUM ERSTEN MAL IN DER TÜRKISCHEN GESCHICHTE IST IHRE PARTEI AN DER MACHT ...
NICHT AN DER MACHT, SONDERN AN DER REGIERUNG ...
ERST WENN WIR ALLEIN REGIEREN, SIND WIR AN DER MACHT.
DAS IST EINE ÜBERGANGSPHASE ...

ABDULLAH GÜL SAGTE: ‚WENN WIR AN DIE MACHT KOMMEN, WERDEN MIT DEM ISLAM UNVEREINBARE GESETZE GESTRICHEN.' WIRD DAS UMGESETZT?
DER FIXPUNKT DER WOHLFAHRTSPARTEI IST DER ISLAM.
WIR WOLLEN NICHTS TUN UND ERLEBEN, DAS UNSEREM FIXPUNKT WIDERSPRICHT.
WIRD AUS DER TÜRKEI EINE ISLAMISCHE REPUBLIK?
WENN MAN DAS JETZT SO AUSDRÜCKT, VERSTÖRT MAN BESTIMMTE KREISE.
WOLLEN SIE DAS UMSETZEN, OHNE BESTIMMTE KREISE ZU VERSTÖREN?
SIE SUCHEN EINEN HINTERSINN IN MEINEN WORTEN.

SIE SAGEN, FRAUEN SOLLEN KOPFTUCH TRAGEN, UND FINDEN BALLETT UNMORALISCH. SIE BEFÜRWORTEN DIE ENTFERNUNG VON STATUEN UND WOLLEN GEISTLICHE EHEN SCHLIESSEN LASSEN. DAS SIND SYSTEMVERÄNDERNDE DINGE ...
DAS SYSTEM IST VON MENSCHEN GEMACHT. DIESES SYSTEM HAT TAYYIP ERDOGAN GEHOLT UND AN DIESE STELLE GESETZT. RESPEKTIEREN SIE DAS!
ER HAT 26 PROZENT BEKOMMEN. ALLE ANDEREN HABEN ZUSAMMEN 74 PROZENT.
DANN IST ES FALSCH ZU SAGEN, DEMOKRATIE SEI DER ‚WILLE DES VOLKES‘, TUT MIR LEID. WIR HABEN DIE REGELN DER DEMOKRATIE NICHT GEMACHT. DAS HABEN DIE GETAN, VON DENEN SIE SAGEN, SIE SEIEN GEGEN UNS.
DIE DEMOKRATIE IST FÜR UNS NICHT ZIEL ... SONDERN MITTEL.

1996
AFGHANISTAN
DIE TALIBAN ÜBERNEHMEN DIE MACHT. SIE WERDEN VON GLAUBENSKÄMPFERN AUFGEBAUT, DIE VON DER CIA FÜR DEN WIDERSTAND GEGEN DIE SOWJETISCHE INVASION GEFÖRDERT WERDEN.
DER AFGHANISCHE PRÄSIDENT NADSCHIBULLAH WIRD HINGERICHTET.

DAS LAND WIRD IN „ISLAMISCHES EMIRAT AFGHANISTAN“ UMBENANNT UND BEKOMMT EINE NEUE VERFASSUNG AUF BASIS DER SCHARIA.
DER TÜRKISCHE PRÄSIDENT SÜLEYMAN DEMIREL WARNT ÖFFENTLICH:
WISSET DEN LAIZISMUS ZU SCHÄTZEN.

15. OKTOBER 1996
ISTANBUL
EIN WICHTIGER GAST BEI ERDOGAN.
İSTANBUL BELEDİ
MORTON ISAAC ABRAMOWITZ
WAR BIS 1991 US-BOTSCHAFTER IN ANKARA.
ER BESUCHT DEN ISTANBULER BÜRGERMEISTER ALS DELEGIERTER DES SPENDENKOMITEES DER CARNEGIE-STIFTUNG FÜR INTERNATIONALEN FRIEDEN.
SIE SIND FÜR DIE ZUKUNFT DER TÜRKEI VON BEDEUTUNG.
DA ES IHNEN GELANG, DURCH DIE REGIERUNG ISTANBULS IHREN STERN ZUM LEUCHTEN ZU BRINGEN,
... KÖNNEN SIE AUCH FÜR DIE TÜRKEI VIEL TUN.

EINE ÄUSSERUNG DES AMERIKANISCHEN DIPLOMATEN SICKERT AN DIE PRESSE DURCH: „WIR ZIEHEN DEN URBANER WIRKENDEN, KRAWATTE TRAGENDEN ERDOGAN ERBAKAN VOR."
Aydınlık
Abramowitz Tayyip'i Erbakan'ın yerine hazırlıyor
DIE ZEITUNG AYDINLIK TITELT: „ABRAMOWITZ BEREITET TAYYIP FÜR ERBAKANS POSTEN VOR."
IN ISTANBUL WIE AUCH IN WASHINGTON SETZEN VORBEREITUNGEN FÜR DEN MACHTANTRITT EIN.
TURKISH AIRLI
IM ANSCHLUSS AN DIE UNTERREDUNG BESUCHT ERDOGAN ZWEIMAL IN ZWEI MONATEN DIE USA.
WASHINGTON HAT BESCHLOSSEN, DEN FEHLER „RADIKALER ISLAM GEGEN KOMMUNISMUS" ZU KORRIGIEREN UND FORTAN AUF GEMÄSSIGTE ISLAMISTEN ZU SETZEN.
ERBAKAN HAT IM GOLFKRIEG DIE NUTZUNG DER NATO-STÜTZPUNKTE IN DER TÜRKEI ABGELEHNT. GEGEN IHN UND ANDERE SCHARFMACHER MIT ANTIAMERIKANISCHEM UND ANTIISRAELISCHEM KURS SOLLEN „ISLAMISTEN MIT KRAWATTE" GEFÖRDERT WERDEN.

PENNSYLVANIA, USA.
HAUPTSITZ FETHULLAH GÜLENS.

AUCH FETHULLAH GÜLEN PROFITIERT VON DIESEM INTERESSE. ER STÖSST MIT SEINEM PROJEKT „INTERRELIGIÖSER DIALOG“ IN DEN USA, WO ER LEBT, AUF SYMPATHIE.

ER LENKT VON HIER AUS SEINE PROJEKTE IN DER TÜRKEI.
MAN KANN OHNE BERÜCKSICHTIGUNG AMERIKAS NICHT HIER UND DA ETWAS UNTERNEHMEN.
ER HAT INZWISCHEN ÜBERALL AUF DER WELT ORGANISATIONEN AUFGEBAUT.
DIESE TATSACHE IST ZU AKZEPTIEREN.
WENN DIE AMERIKANER ES NICHT WOLLEN ...
MIT SCHULEN IN 160 LÄNDERN, VOR ALLEM IN ZENTRALASIEN, IST FETHULLAH GÜLEN ZU EINER INTERNATIONALEN MACHT GEWORDEN.
... LASSEN SIE NIEMANDEN NIRGENDWO AUF DER WELT ETWAS TUN.

24. OKTOBER 1996
ERÖFFNUNG DER ASYA-BANK
AUCH IN DER TÜRKEI IST ER MIT SCHULEN UND MEDIEN MÄCHTIG GEWORDEN. TEILWEISE WERDEN BANKEN UNTER SEINER KONTROLLE VON REGIERUNGSMITGLIEDERN ERÖFFNET. DANK DER PARALLELSTRUKTUR IM STAAT IST ER UNSICHTBARER REGIERUNGSPARTNER.
BANK ASYA
DER ISLAM VERSCHMILZT MIT INTERNATIONALEM KAPITAL UND POLITIK. DIES IST DIE IDEE DER IN WASHINGTON REGIERENDEN NEOKONSERVATIVEN. SIE HABEN EINEN „GEMÄSSIGTEN ISLAM“ ENTWORFEN, DER SICH IHREN WÜNSCHEN ANPASSEN SOLL ...
... DIE 90ER HINDURCH WIRD ER GEFÖRDERT UND IN DEN NULLERJAHREN SOLL ER AN DIE MACHT KOMMEN.

OKTOBER 1996
EINE FAHRZEUGKOLONNE IN DER WÜSTE ...
DER KONVOI BEWEGT SICH NACHTS VON TRIPOLIS AUS DURCH DIE WÜSTE.
IN DEM WAGEN SITZEN PREMIER ERBAKAN, STAATSMINISTER ABDULLAH GÜL UND JOURNALISTEN.

SIE FAHREN ZUM LIBYSCHEN STAATSCHEF GADDAFI.
ASSALAMU ALEIKUM!
IM DRITTEN MONAT AN DER REGIERUNG, WENDET ERBAKAN DIE TRADITIONELL WESTORIENTIERTE AUSSENPOLITIK DER TÜRKEI GEN OSTEN UND KLOPFT EUPHORISCH BEI DER ISLAMISCHEN WELT AN.
DOCH IN DEM ZELT MITTEN IN DER WÜSTE ERWARTET IHN UNVERMUTET EIN SKANDAL.

WIR SIND UNZUFRIEDEN MIT DER POLITIK DER TÜRKEI.
GADDAFIS WORTE SIND EIN SCHOCK FÜR DIE BESUCHER.
DIE TÜRKEI IST VON US-STÜTZPUNKTEN BESETZT.
WÄHREND ERBAKAN NACH EINER DIPLOMATISCHEN ANTWORT SUCHT,
ÄHMMM ...
IHR PFLEGT BEZIEHUNGEN ZU UNSEREM FEIND, DEM ZIONISTISCHEN ISRAEL.
DIE ZUKUNFT DER TÜRKEI LIEGT NICHT IN NATO-MITGLIEDSCHAFT UND UNTERDRÜCKUNG DER KURDEN.
... STEHT STAATSMINISTER GÜL WORTLOS AUF.

WAS ICH SCHON IMMER WISSEN WOLLTE:
ES WIRD EINER DER GRÖSSTEN SKANDALE IN DER GESCHICHTE DER TÜRKISCHEN DIPLOMATIE WERDEN.
... WARUM GIBT ES UNTER DEM HIMMELSZELT KEINEN KURDISCHEN STAAT? KURDISTAN SOLLTE GEGRÜNDET WERDEN.
EIN SKANDAL, DER ERBAKANS REGIERUNG INS WANKEN BRINGT ...
... UND JAHRELANG IM GEDÄCHTNIS BLEIBEN WIRD.

*NACHT DER SCHANDE

22. JANUAR 1997
NEUN HOCHRANGIGE BEFEHLSHABER BERATEN 72 STUNDEN LANG AUF DER BASIS GÖLCÜK ÜBER DIE BEDROHUNG DURCH REAKTIONÄRE.
SIE ENTSCHEIDEN, ES SEI ANGEBRACHT, DIE MACHT DER ARMEE NUR IN ERINNERUNG ZU RUFEN UND AUF PROTESTE DER ZIVILGESELLSCHAFT ZU SETZEN, STATT UNMITTELBAR EINZUGREIFEN.
EINE WOCHE DARAUF ROLLT EIN MILITÄRKONVOI MIT 20 PANZERN DURCH DIE STRASSEN VON SINCAN NAHE ANKARA. DAS IST DIE REAKTION AUF LOKALE „DSCHIHAD"-AKTIVITÄTEN UND REAKTIONÄRE AKTIVITÄTEN DER REGIERUNG.
EIN GENERAL ERKLÄRT DIE PARADE: „WIR HABEN DIE DEMOKRATIE AUF DIE SPUR GEBRACHT."

Seriata

* NEIN ZUR SCHARIA

28. FEBRUAR 1997
NATIONALER SICHERHEITSRAT
DIE SICH GEGENSEITIG HOCHSCHAUKELNDEN SEITEN TREFFEN IN EINEM SAAL IN ANKARA ZUSAMMEN. DIE SICHERHEITSRATSSITZUNG DAUERT ZEHN STUNDEN UND BRINGT DAS BEFÜRCHTETE ERGEBNIS.

DIE GENERÄLE KONSTATIEREN EINE FUNDAMENTALISTISCHE GEFAHR UND LEGEN ERBAKAN EINE LISTE MIT 18 PUNKTEN ZU DEREN EINDÄMMUNG VOR. SCHON DIE ERSTEN DREI BRINGEN IHN INS SCHWITZEN:
1. RELIGIÖSE SCHULEN WERDEN DEM STAAT UNTERSTELLT.
2. RELIGIÖSE ORDEN WERDEN VERBOTEN.
3. DIE SCHULPFLICHT WIRD AUF ACHT JAHRE ERHÖHT.

İMAM HATİP
DIE SCHULPFLICHT AUF ACHT JAHREN ZU ERHÖHEN BEDEUTET DIE SCHLIESSUNG DER IMAM-HATIP-SCHULEN. ERBAKAN WIRD GEZWUNGEN, SEINE EIGENE POLITIK ZU VERBIETEN UND SEINER BASIS EINEN RIEGEL VORZUSCHIEBEN.

DAS MILITÄR HAT SCHACH GEBOTEN.
BEUGT ERBAKAN SICH DEM DIKTAT UND NIMMT DIE FORDERUNGEN DER ARMEE AN, IST SEINE KARRIERE BEENDET, ANDERNFALLS ABER SETZT ER SEINE REGIERUNG AUFS SPIEL UND RISKIERT EINE MILITÄRINTERVENTION.
Hürriyet
Ya uy, ya Çeki
Milliyet
RefaHyol'un Sonu
SABAH
Genelkurmay'da düşman değişti
DAS MILITÄR ERKLÄRT, DAS SYSTEM GEGEBENENFALLS MIT WAFFEN ZU SCHÜTZEN, DIE SCHLAGZEILEN VERBREITEN PUTSCHSTIMMUNG.
UNTER DEN RUFERN NACH RÜCKTRITT DER REGIERUNG IST AUCH FETHULLAH GÜLEN.
irtica
Milliyet
Gülen de uyardı
Hürriyet
Beceremediniz artık bırakın

12. MÄRZ 1997
WASHINGTON AUSSENMINISTERIUM, 7. STOCK
AUCH IN ÜBERSEE STEHEN DIE ZEICHEN AUF INTERVENTION.
ES MUSSTE JA SO KOMMEN ... SEINE ERSTE AUSLANDSREISE FÜHRTE IHN IN DEN IRAN.
BERNARD LEWIS
DANN ÄGYPTEN, LIBYEN, NIGERIA ...
ER WOLLTE DIE BEZIEHUNGEN ZU ISRAEL EINFRIEREN.
MAN WEISS NICHT, WAS ER TUT. ER IST UNBERECHENBAR, UNKONTROLLIERBAR.
PAUL WOLFOWITZ

ALAN MAYKOVSKY
GIBT ES KEINE INTERVENTION, KÖNNEN WIR UNS DARAUF EINSTELLEN, DASS SIE BEI DEN NÄCHSTEN WAHLEN MIT 45 PROZENT ALLEIN DIE REGIERUNG BILDEN. 2005 HABEN SIE DANN DIE NOTWENDIGE MEHRHEIT ZUR VERFASSUNGSÄNDERUNG.
RICHARD PERLE
DAS MILITÄR WIRKT ENTSCHLOSSEN.
WENN ERBAKAN NICHT UNTERSCHREIBT, KÖNNTE ES ZUM PUTSCH KOMMEN.
EIN PUTSCH STEHT BEVOR, DIE REGIERUNG MUSS GEHEN.
MADELEINE ALBRIGHT

ERBAKAN IST IN DIE ENGE GETRIEBEN.
ER RUFT SEINE FRAKTION ZUR BERATUNG ZUSAMMEN UND ERLÄUTERT SEINEN PLAN:
ER WIRD DIE SACHE INS PARLAMENT BRINGEN UND VERSUCHEN, DORT WIDERSTAND GEGEN DAS MILITÄR ZU MOBILISIEREN.
DAS MILITÄR BEHARRT AUF DER ÄNDERUNG DES BILDUNGSSYSTEMS.
WIR HABEN DIE MEHRHEIT IM PARLAMENT.
ALS BÜRGERMEISTER SITZT ERDOGAN UNTER DEN ZUHÖRERN. ER GLAUBT, DIE ZEIT ZUM REDEN SEI GEKOMMEN.
BRINGEN WIR DIE VORLAGE DER MILITÄRS INS PARLAMENT, WIRD SIE ABGELEHNT.
ALS ER AUFSTEHT, IST ER ENTSCHLOSSEN, SICH SEINEM PARTEICHEF ERSTMALS OFFEN ZU WIDERSETZEN, STATT UNBEDINGT ZU GEHORCHEN.

ES IST DER KAMPF ZWISCHEN ZENTRUM UND PERIPHERIE, ZWISCHEN MEISTER UND SCHÜLER, ZWISCHEN DEM AB- UND DEM ANTRETENDEN.
LEGEN WIR EINE SOLCHE VORLAGE DEM PARLAMENT VOR UND SIE WIRD VERABSCHIEDET,
... BEDEUTET DAS DAS ENDE UNSERER 30-JÄHRIGEN POLITISCHEN BEWEGUNG.
MEIN HODSCHA, DAS WÄRE AUCH FÜR SIE DAS ENDE.
DIR WURDE KEIN REDERECHT ERTEILT. WIR DÜRFEN DIE BERATUNG DER VORLAGE IM PARLAMENT NICHT FÜRCHTEN.
IN DER FUSSBALLSPRACHE NENNT MAN DAS: EINEN ELFMETER ERZWINGEN. SIE ERZWINGEN EINEN ELFMETER UND SAGEN DANN DEN ABGEORDNETEN: DU BIST DER TORWART, HALTE DEN BALL!
HODSCHA, ELFMETER HEISST ZU 99 PROZENT TOR. DA WÄRE ES BESSER, DIE REGIERUNG ZU VERLASSEN.
ES ERGIBT KEINEN SINN, AUF DRAUFGÄNGER ZU MACHEN. DAS IST KEIN KINDERSPIEL. STATT HIER ZU REDEN, GEH IN DEN WALD UND BRÜLL DORT DEINEN FRUST RAUS.

SCHLUSSENDLICH KANN ERBAKAN SICH NICHT HALTEN, OBWOHL ER DIE FORDERUNGEN DES MILITÄRS UNTERSCHREIBT.
18. JUNI 1997
ALS DIE OBERSTAATSANWALTSCHAFT DAS VERFAHREN ZUM VERBOT DER WOHLFAHRTSPARTEI EINLEITET, MUSS ER ALS PREMIER ZURÜCKTRETEN.
DARAUS FOLGT NUR EINS:
DIE ALLEINHERRSCHAFT DER ÜBERZEUGUNGEN DER WOHLFAHRTSPARTEI ...

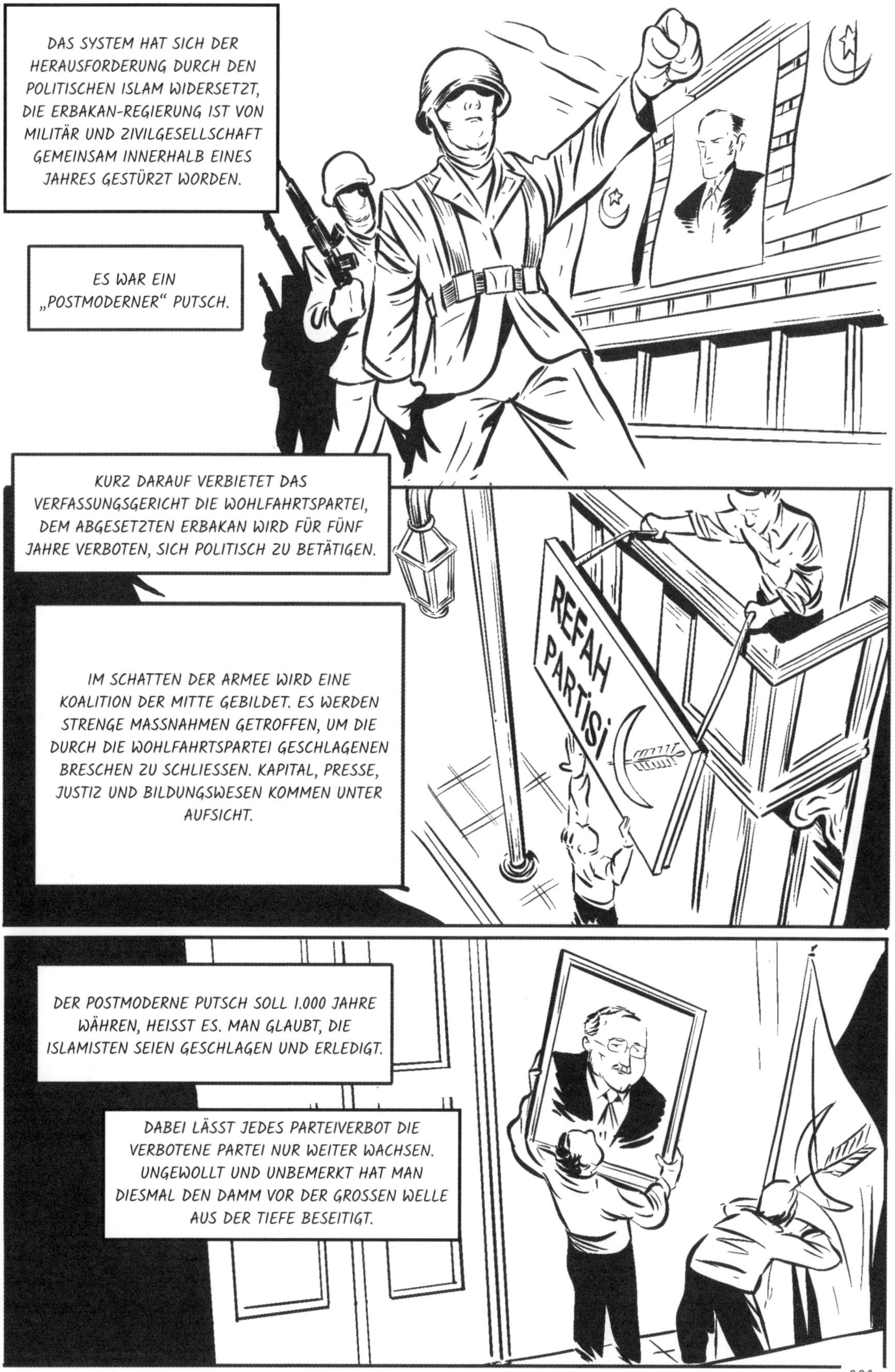
DAS SYSTEM HAT SICH DER HERAUSFORDERUNG DURCH DEN POLITISCHEN ISLAM WIDERSETZT, DIE ERBAKAN-REGIERUNG IST VON MILITÄR UND ZIVILGESELLSCHAFT GEMEINSAM INNERHALB EINES JAHRES GESTÜRZT WORDEN.
ES WAR EIN „POSTMODERNER" PUTSCH.
KURZ DARAUF VERBIETET DAS VERFASSUNGSGERICHT DIE WOHLFAHRTSPARTEI, DEM ABGESETZTEN ERBAKAN WIRD FÜR FÜNF JAHRE VERBOTEN, SICH POLITISCH ZU BETÄTIGEN.
REFAH PARTİSİ
IM SCHATTEN DER ARMEE WIRD EINE KOALITION DER MITTE GEBILDET. ES WERDEN STRENGE MASSNAHMEN GETROFFEN, UM DIE DURCH DIE WOHLFAHRTSPARTEI GESCHLAGENEN BRESCHEN ZU SCHLIESSEN. KAPITAL, PRESSE, JUSTIZ UND BILDUNGSWESEN KOMMEN UNTER AUFSICHT.
DER POSTMODERNE PUTSCH SOLL 1.000 JAHRE WÄHREN, HEISST ES. MAN GLAUBT, DIE ISLAMISTEN SEIEN GESCHLAGEN UND ERLEDIGT.
DABEI LÄSST JEDES PARTEIVERBOT DIE VERBOTENE PARTEI NUR WEITER WACHSEN. UNGEWOLLT UND UNBEMERKT HAT MAN DIESMAL DEN DAMM VOR DER GROSSEN WELLE AUS DER TIEFE BESEITIGT.

ERBAKAN ZU HAUSE
ERBAKAN ZIEHT SICH NACH DEM VERBOT SEINER DRITTEN PARTEI ZURÜCK, UM DIE VIERTE ZU GRÜNDEN.
DIE PRESSE BLÄST TAYYIP UNABLÄSSIG AUF,
DOCH DIE IM PRIVATEN GEFÜHRTEN GESPRÄCHE DRINGEN NACH AUSSEN.
... ABER TAYYIP IST EHRGEIZIG UND UNERFAHREN,
KEINER MERKT, DASS EIN TEILNEHMER SEIN TELEFON EINGESCHALTET LÄSST.
DER MANN, DER DIE LEITUNG OFFEN HÄLT, SOLL FÜNF JAHRE SPÄTER ...
... ER ARBEITET NICHT FÜR DIE PARTEI, SONDERN FÜR SICH SELBST. ER WIRD UNS PROBLEME MACHEN.
... INNENMINISTER UNTER ERDOGAN WERDEN, DER AM ANDEREN ENDE DER LEITUNG ZUHÖRT.
EINER UNSERER ALTEN WEISEN SOLL DIE NEUE PARTEI GRÜNDEN. UNTERSTÜTZT IHN ALLE.

WIE SEIN VATER IHM DIE FUSSBALLKARRIERE VERSPERRTE, ALS SEIN STERN AUF DEM FELD GLÄNZTE,
GEH UND BRÜLL IM WALD!
... WILL NUN DER MANN, DEN ER ALS „VATER“ SCHÄTZT, SEINEN AUFSTIEG IN DER PARTEI STOPPEN.

17. DEZEMBER 1997
SIIRT
ERDOGAN DAGEGEN IST ÜBERZEUGT, JETZT AN DER REIHE ZU SEIN.
SIE ERTRAGEN UNS NICHT.
ES IST AN DER ZEIT, AUF DIE PLÄTZE ZU GEHEN. ER HÄLT KUNDGEBUNGEN AB. ER FORDERT SEINEN FÜHRER OFFEN HERAUS.
WENN SICH AUCH HIMMEL UND ERDE AUFTUN, WENN FLUTEN UND VULKANE ÜBER UNS KOMMEN, WIR KEHREN NICHT UM.
RP
RP
IN SIIRT, DER HEIMAT SEINER EHEFRAU, WIRD ER MIT DEM SLOGAN „MINISTERPRÄSIDENT ERDOGAN“ EMPFANGEN. AUFGEREGT HÄLT ER EINE EUPHORISCHE REDE:
MEIN FIXPUNKT IST DER ISLAM.
KANN ICH DAS NICHT UMSETZEN,
IN ZEITEN, DA ISLAMISTEN VON DER STRASSE GEHOLT WERDEN, STRECKT ER DEN KOPF GERADEZU UNTERS FALLBEIL.
... WAS HAT DAS LEBEN DANN FÜR EINEN SINN?

ANGESPORNT VON DER MENGE, REZITIERT ER AUF DEM PODIUM EIN GEDICHT:
‚MINARETTE UNSERE BAJONETTE, KUPPELN UNSERE HELME, MOSCHEEN UNSERE KASERNEN, DIE GLÄUBIGEN UNSERE SOLDATEN.'
DAS GEDICHT, DAS IHM VOR 25 JAHREN BEIM WETTBEWERB AUF DEM GYMNASIUM DEN ERSTEN PREIS GEBRACHT HAT. JETZT WIRD ES EIN ZWEITES MAL DEN LAUF SEINES LEBENS VERÄNDERN.

DIE STAATSANWALTSCHAFT LEITET UNVERZÜGLICH EIN VERFAHREN EIN. ER WIRD DER VOLKSVERHETZUNG ANGEKLAGT.
WAS HABEN SIE DAMIT GEMEINT, ALS SIE SAGTEN, DER ISLAM SEI IHR FIXPUNKT?
RICHTIG, MEIN FIXPUNKT IST DER ISLAM. DAS SAGE ICH MIT GESCHWOLLENER BRUST.
WEIL DER ISLAM MICH LEHRT, DIE MENSCHEN ZU LIEBEN, LIEBE ICH DIE MENSCHEN. IN DIESER HINSICHT IST DER ISLAM MEIN FIXPUNKT.
DAS GERICHT KOMMT ZU DEM SCHLUSS, DASS DER ANGEKLAGTE SICH DER VOLKSVERHETZUNG SCHULDIG GEMACHT HAT, UND VERHÄNGT EINE HAFTSTRAFE VON EINEM JAHR.
IM HINBLICK AUF DEN CHARAKTER DES ANGEKLAGTEN WIRD DIE STRAFE NICHT ZUR BEWÄHRUNG AUSGESETZT UND NICHT IN EINE GELDSTRAFE UMGEWANDELT.

ICH WURDE MIT EINER MILLION STIMMEN DER ISTANBULER BEVÖLKERUNG ZUM BÜRGERMEISTER GEWÄHLT. ICH HABE KEINE STRAFTAT BEGANGEN. ICH HABE LEDIGLICH MEINE MEINUNG GESAGT.
DIESES URTEIL GEGEN MICH IST ZWEIFELLOS NICHT DAS EINZIGE BEISPIEL. AUCH INTELLEKTUELLE, DENKER, KÜNSTLER UND ANDERE POLITIKER WURDEN AUFGRUND ÄHNLICH UNGERECHTFERTIGTER ANSCHULDIGUNGEN VERURTEILT.
DABEI HABEN WIR EBENSO WIE DIE MENSCHEN DER INDUSTRIENATIONEN DAS RECHT, FREI ZU SEIN. DIE MENSCHEN MEINES LANDES MÜSSEN IHRE GEDANKEN FREI UND FURCHTLOS ÄUSSERN DÜRFEN.
JETZT TRITT DER PATRIOTISMUS FÜR DIE DEMOKRATIE EIN.
AUF DER PRESSEKONFERENZ NACH DER URTEILSVERKÜNDUNG STELLT ER SICH IN EINE REIHE MIT DEN POLITISCHEN GEFANGENEN DER GESCHICHTE. DOCH NACH ERREICHEN DER ABSOLUTEN MACHT WIRD DERSELBE MANN ALLE ANDEREN MEINUNGEN ÄCHTEN UND AUS DER TÜRKEI DAS WELTGRÖSSTE GEFÄNGNIS FÜR POLITISCHE GEFANGENE MACHEN.

1998

DER UNFALL

„Fährst du zu schnell, überschlägt sich der Wagen“

11. MAI 1998
11.00 UHR
ISTANBUL
POLIS

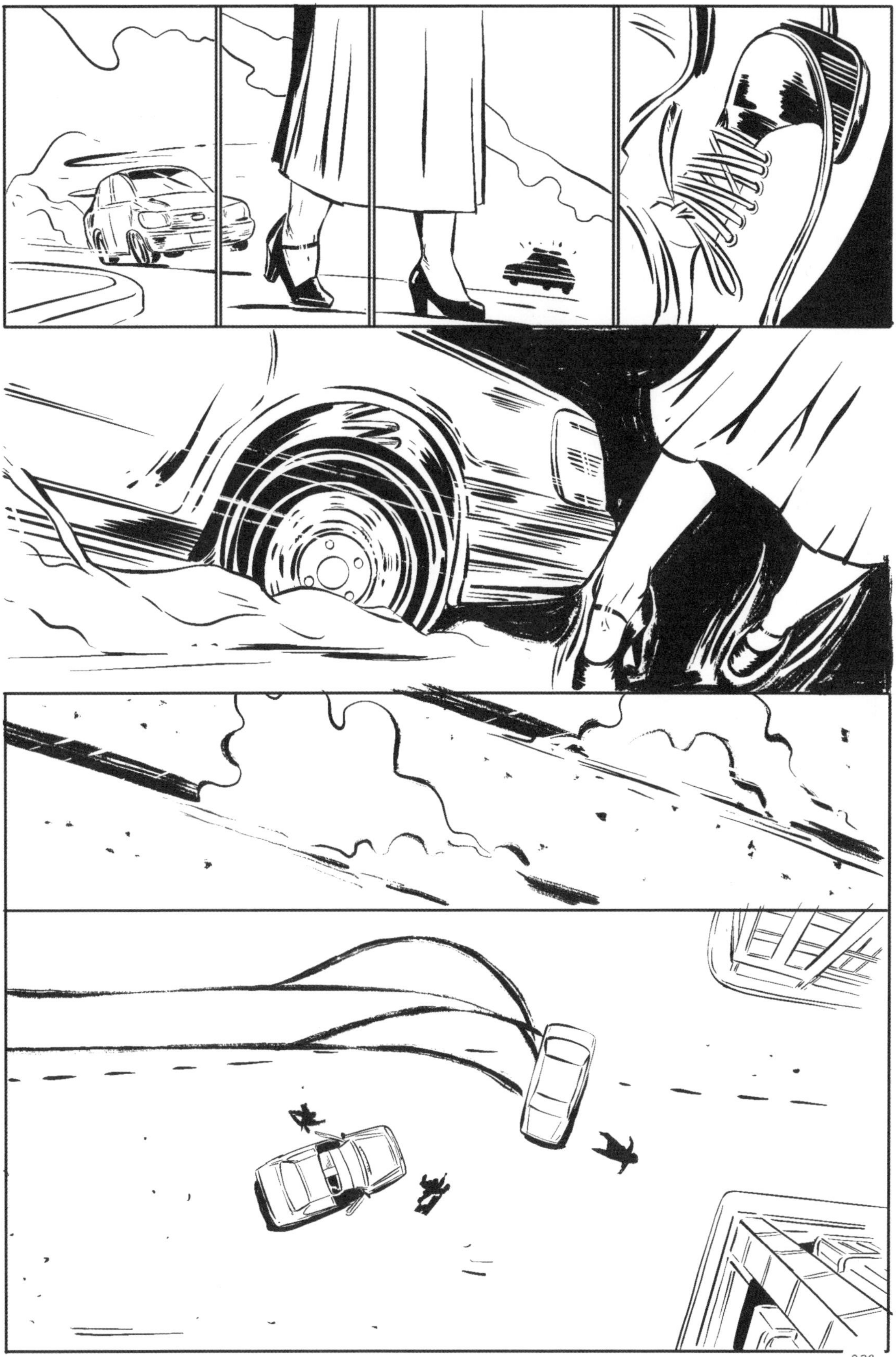

WIE BITTE?
WIE IST DAS PASSIERT?
WEN HAST DU ANGEFAHREN?
KEINE AHNUNG, PAPA ... EINE FRAU ...
WO IST DIE FRAU JETZT?
SIE IST VERLETZT, SIE WURDE INS KRANKENHAUS GEBRACHT.
WO BIST DU JETZT?
BEI DER POLIZEI.
HAST DU GESAGT, WER DU BIST?
JA.
HOL DIE ANS TELEFON ...

EMNİYET MÜDÜRLÜĞÜ
IHR NAME?
AHMET ÜREK.
IN WELCHEM VERHÄLTNIS STEHEN SIE ZU DER VERLETZTEN?
ICH BIN IHR MANN. SIE IST DIE BERÜHMTE SÄNGERIN SEVİM TANÜREK.
SIE LIEGT IM KOMA, IM DEUTSCHEN KRANKENHAUS.
WIR HABEN DEN JUNGEN MANN ANGEZEIGT. FRAGEN SIE IHN MAL, OB ER EINEN FÜHRERSCHEIN HAT.
SPIEL DICH NICHT AUF! WIR WISSEN, WAS WIR TUN WERDEN.

ER HAT KEINEN FÜHRERSCHEIN.
ER IST SO GERAST,
„... DASS ER MEINE FRAU NACH DEM AUFPRALL NOCH 35 METER MITGESCHLEIFT HAT.
„DA WAREN 35 METER BREMSSPUREN AUF DEM ASPHALT.
„DANN KAM PLÖTZLICH EIN SPRINKLERWAGEN ...
„... UND WUSCH DIE SPUR WEG.

*DIE VON BURAK ERDOGAN ÜBERFAHRENE SEVIM TANÜREK IST TOT.

ERDOGAN RIEF NICHT EINMAL AN, UM BEILEID ZU BEKUNDEN.
SEINE ANWÄLTE SCHLUGEN VOR, DEN PROZESS EINZUSTELLEN.
DIE POLIZEI SAGTE, MACHT KEINEN ELEFANTEN DARAUS, IHR SCHAFFT EUCH NUR PROBLEME.
DER DRUCK IST ENORM. WIR WERDEN BEDROHT UND BELÄSTIGT.
TROTZ ALLER DROHUNGEN UND ALLEM DRUCK ZIEHE ICH DIE ANZEIGE NICHT ZURÜCK. GELD KANN KEINE VERGEBUNG KAUFEN.

AHMET ÜREK SAGT, SEIT DEM UNFALL KÄMEN TÄGLICH WAGEN DER STADT VORS HAUS UND STÄNDIG LIEFEN IHM „TAYYIPS LEUTE“ ÜBER DEN WEG.
AUGENZEUGEN WERDEN NICHT ANGEHÖRT.
BURAKS FÜHRERSCHEIN WIRD NICHT ÜBERPRÜFT.
WARUM DIE BREMSSPUR AUSGELÖSCHT WURDE, WIRD NICHT GEPRÜFT.
WER DIE FAMILIE BEDROHT, WIRD NICHT UNTERSUCHT.
DIE GERICHTSMEDIZIN ATTESTIERT ZUNÄCHST, BURAK TRAGE IN FÜNF VON ACHT PUNKTEN DIE SCHULD, KORRIGIERT IHREN BERICHT DANN UND ERKLÄRT TANÜREK IN ACHT VON ACHT PUNKTEN FÜR SCHULDIG.
WIR ZIEHEN UNSERE ANZEIGE ZURÜCK.
DER FAMILIENRAT HAT GETAGT UND BESCHLOSSEN, DIE SACHE NICHT WEITER ZU VERFOLGEN.
DIE AKTE WIRD WEGEN VERJÄHRUNG VERNICHTET WERDEN.

BURAK ERDOGAN:
BURAK ERDOGAN GEHT NACH LONDON UND VERWISCHT SEINE SPUR. DAS GERICHT VERURTEILT IHN IN ABWESENHEIT ZU DREI MONATEN GEFÄNGNIS, DIE STRAFE WIRD IN 540.000 LIRA GELDBUSSE UMGEWANDELT.
EYÜP CAKMAK:
EYÜP CAKMAK, DER VORSITZENDE DER GERICHTSMEDIZIN, DIE BURAK ERDOGAN UNSCHULD BESCHEINIGTE, WIRD IN ERDOGANS ZEIT ALS PREMIERMINISTER ZUM DIREKTOR DER SEEFAHRTSBEHÖRDE BEFÖRDERT.
HAYATI YAZICI:
HAYATI YAZICI, LANDSMANN UND ANWALT ERDOGANS, DER DEN PROZESS BETREUTE, WIRD VIER JAHRE SPÄTER ZUM ABGEORDNETEN, DANN ZUM MINISTER GEMACHT.
SO SCHLIESST ERDOGAN DIE PROZESSAKTE. DAS HINDERNIS IST AUSGERÄUMT, SEIN WEG IST WIEDER FREI. JETZT KANN ER SICH UM DIE FÜHRUNG DER TUGENDPARTEI BEWERBEN, DIE ANSTELLE DER VERBOTENEN WOHLFAHRTSPARTEI GEGRÜNDET WURDE – DENKT ERDOGAN. DOCH ER TÄUSCHT SICH.

23. SEPTEMBER 1998
EINE ERÖFFNUNGSZEREMONIE
FP
BEI EINER FEIER DER NEUEN PARTEI WERDEN SEINE PLÄNE ÜBER DEN HAUFEN GEWORFEN.
FAZILTT PARTISI
DER KASSATIONSHOF HAT DIE STRAFE BESTÄTIGT.
JETZT STEHT FEST, DASS SIE INS GEFÄNGNIS MÜSSEN.
DAS BÜRGERMEISTERAMT WURDE IHNEN ENTZOGEN.
ES WURDE SOGAR BESCHLOSSEN, DASS SIE NIE WIEDER POLITISCH TÄTIG SEIN DÜRFEN.

*ER KANN NICHT EINMAL MEHR GEMEINDEVORSTEHER WERDEN.

MITTEN IM STURM ZUM TOR …
… HAT IHN EIN ELLBOGENSTOSS ZU FALL GEBRACHT,
… ZU ALLEM UNGLÜCK WIRD ER MIT DER ROTEN KARTE VOM FELD GESTELLT.
DAS SYSTEM, DAS ER HERAUSGEFORDERT HAT, WILL IHN ERLEDIGEN.
TAYYIP
WAS WERDEN DIE LEUTE AUF DER TRIBÜNE TUN, DIE NOCH GESTERN SEINEN NAMEN BEJUBELTEN?
WERDEN SIE ANGESICHTS DES UNRECHTS, DAS IHM VOR IHREN AUGEN GESCHAH, FÜR IHN EINTRETEN …
… ODER IHN FALLEN LASSEN?

24. SEPTEMBER 1998
SIE KOMMEN.
30.000 LEUTE VERSAMMELN SICH VOR DEM RATHAUS UND RUFEN: „WIR STERBEN FÜR DICH!“
ÖLDE ÖLELIM

*WIR ALLE SIND TAYYIP, JETZT ERST RECHT!

* GEMEINSAM GINGEN WIR AUF DIESEN WEGEN

** GEMEINSAM WURDEN WIR IM REGEN NASS ...

*ALLES ERINNERT MICH AN DICH

*GEMEINSAM GINGEN WIR AUF DIESEN WEGEN

1998

KOKON

Die Zukunft weben

29. SEPTEMBER 1998
UNMITTELBAR NACH DER URTEILSVERKÜNDUNG ...
... BESUCHT DIE US-GENERALKONSULIN ERDOGAN IN SEINEM AMTSSITZ.
STRAFEN FÜR DEMOKRATISCH GEWÄHLTE POLITIKER ...
... WEGEN GEHALTENER REDEN ...
... SCHWÄCHEN DAS VERTRAUEN IN DIE TÜRKISCHE DEMOKRATIE.

DIE EU, DIE ABGEORDNETENVERSAMMLUNG DES EUROPARATS, AMNESTY INTERNATIONAL UND MENSCHENRECHTSVEREINE KRITISIEREN DAS URTEIL.
WELTWEIT STEHT ERDOGAN AUF DER TAGESORDNUNG.
WÄHREND GESELLSCHAFTEN IM 21. JAHRHUNDERT ÜBERALL BESSERE INTEGRATION IN DIE SICH VERÄNDERNDE WELT ANSTREBEN, WILL MAN UNS NOCH HINTER BANANENREPUBLIKEN ZURÜCKWERFEN.
Süddeutsche Zeitung
DIE TÜRKISCHE REGIERUNG ZWINGT ISLAMISTISCHE OPPOSITIONELLE, SICH ZU RADIKALISIEREN UND ILLEGALE WEGE ZU BESCHREITEN. BEZICHTIGT MAN SEINEN GEGNER ERST EINMAL DES TERRORISMUS, KANN MAN IHN SPÄTER MIT POLIZEILICHEN MITTELN UNTER GEWALTANWENDUNG AUSBOOTEN.

EIN MANN WILL DAMALS GEMEINSAM MIT ERDOGAN INS GEFÄNGNIS.
HERR RICHTER, ICH BIN SCHULDIG. BITTE BESTRAFEN SIE MICH.

SO EINEN BLÖDSINN HABE ICH NOCH NIE GEHÖRT.
ALLE BETTELN: BESTRAFEN SIE MICH NICHT.
WAS IST DEIN PROBLEM?

DER MANN HEISST HASAN YESILDAG. DER EHEMALIGE VORSITZENDE DES VEREINS IDEALISTISCHE JUGEND ÜSKÜDAR
... HAT DEN AUFTRAG, ERDOGAN IM GEFÄNGNIS VOR ÜBERGRIFFEN ZU SCHÜTZEN.
ER HAT BEREITS LANGJÄHRIGE HAFTSTRAFEN ABGESESSEN:
WEGEN VERBRECHEN WIE MORD,
... MITGLIEDSCHAFT IN EINER BEWAFFNETEN BANDE
... UND DROGENHANDEL.
EIN TAEKWONDO-MEISTER MIT SCHWARZEM GÜRTEL.
UM BEI ERDOGAN SEIN ZU KÖNNEN, MUSS ER INS GEFÄNGNIS KOMMEN. ER SCHREIBT EINEN UNGEDECKTEN SCHECK AUS UND WIRD ZU VIER MONATEN HAFT VERURTEILT.

WÄHREND ERDOGAN SICH AUF DEN HAFTANTRITT VORBEREITET,
... TRIFFT MAN IN DER JVA PINARHISAR VORBEREITUNGEN FÜR IHN.
GEFÄNGNISWÄRTER ...
... UND HÄFTLINGE WERDEN NEU EINGEKLEIDET.
DER HOF WIRD MIT BEWEGUNGSMELDERN UND KAMERAS AUSGESTATTET.
DIE TÜR DER ZELLE ZUM HOF WIRD ZUR SICHERHEIT MIT ZUSÄTZLICHEN RIEGELN VERSEHEN.

DIE FÜR ERDOGAN VORGESEHENE ZELLE WIRD GEREINIGT, TAPEZIERT UND MIT TEPPICH AUSGELEGT.
EIN SCHREIBTISCH, EINE SITZGRUPPE FÜR GÄSTE UND DIE NOTWENDIGEN HAUSHALTSGERÄTE WERDEN HINEINGESTELLT.
DIE GEFÄNGNISZELLE WIRD IN EIN LUXUSHOTELZIMMER VERWANDELT. ERDOGAN SCHEINT NICHT INS GEFÄNGNIS, SONDERN IN DEN URLAUB ZU GEHEN.
EIN FLÜGEL DES STAATES WOLLTE IHN VERNICHTEN, DER ANDERE ABER BEREITET IHN FÜR EINEN NEUEN MORGEN VOR.

25. MÄRZ 1999
ON AIR
GLAUBEN SIE, IHNEN SEI UNRECHT GESCHEHEN?
ALS SOKRATES INS GEFÄNGNIS KAM, WEINTE SEINE FRAU.
‚WARUM WEINST DU?', FRAGTE SOKRATES.
‚ICH WEINE, WEIL SIE DICH ZU UNRECHT VERURTEILT HABEN', ERWIDERTE SIE.

SOKRATES ANTWORTETE: ‚WÄRE ES BESSER GEWESEN, WENN SIE MICH ZU RECHT VERURTEILT HÄTTEN?‘
KEINE SORGE, EMINE, ICH WERDE IHNEN ZEIGEN, DASS TAYYIP NICHT EINFACH ABTRITT.
SIE WERDEN GENAU WIE DIE GANZE WELT SEHEN, DASS ICH JETZT ERST RICHTIG KOMME.
ES IST ZEIT, SICH VON DER GATTIN ZU VERABSCHIEDEN:
WIR FANGEN NOCH EINMAL GANZ VON VORNE AN.

26. MÄRZ 1999
VOR DER JVA PINARHISAR
FP
FP
NACHDEM ERDOGAN IN BEGLEITUNG EINER GROSSEN MENGE GEBETET HAT, KOMMT ER IN LANGER KOLONNE VOR DEM GEFÄNGNIS AN.

SEINE LETZTE BOTSCHAFT VERKÜNDET ER VOR DEM TOR.
IN DEN VIER MONATEN HIER MÖCHTE ICH UNSERE BISHERIGEN PROJEKTE PRÜFEN.
FP
ICH VERSPRECHE, HIER FLEISSIG ZU ARBEITEN.
GEBT MIR EUREN SEGEN. VERGESST MICH NICHT IN EUREN GEBETEN. VERGESST AUCH NICHT, AM 18. APRIL DIE WAHLURNEN ZU FÜLLEN.
ER IST NICHT MEHR BÜRGERMEISTER, NICHT MEHR MÄCHTIG, NICHT MEHR FREI.
... ABER ER HAT EIN GANZ NEUES ATTRIBUT BEKOMMEN: „OPFER“ ...

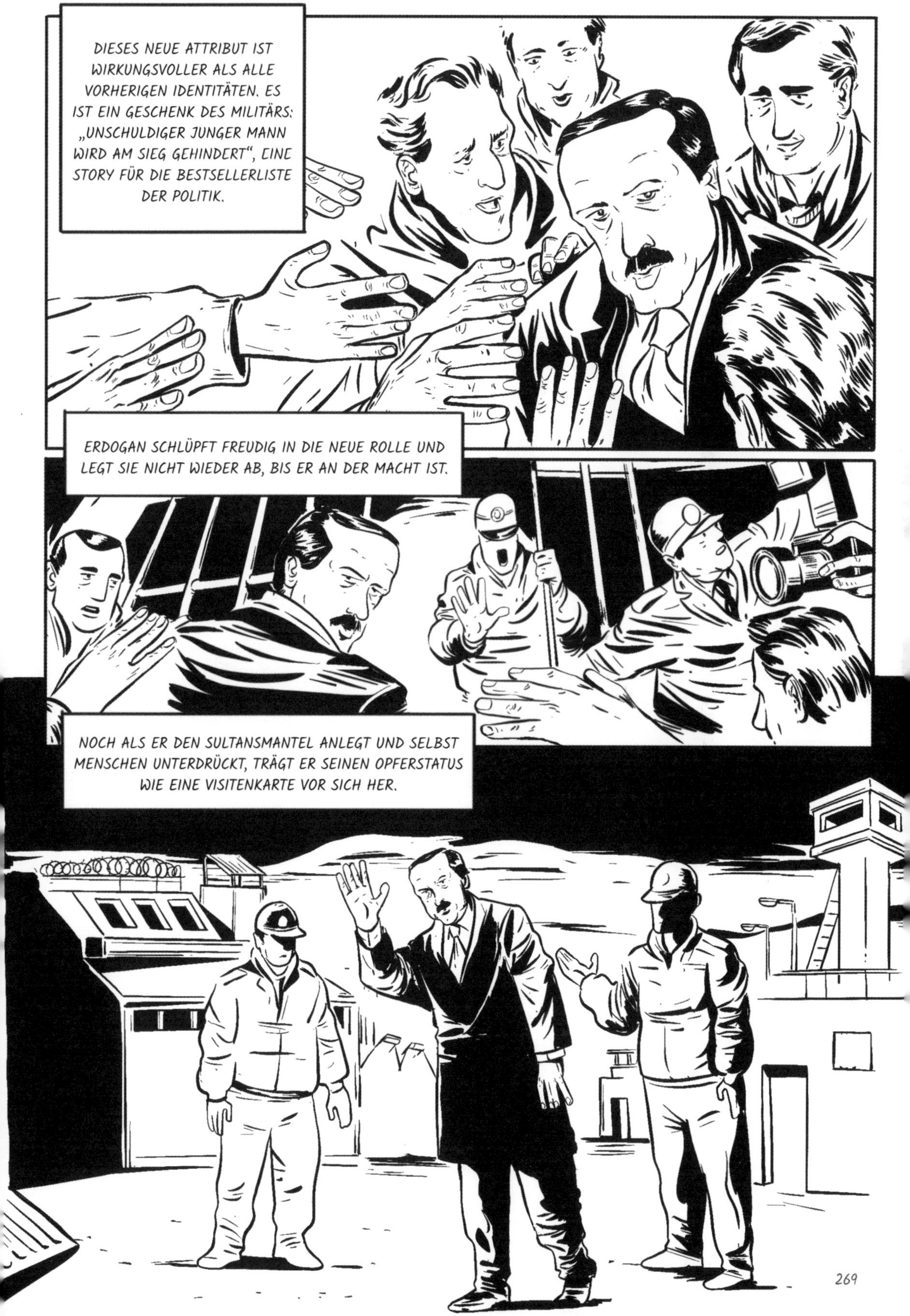
DIESES NEUE ATTRIBUT IST WIRKUNGSVOLLER ALS ALLE VORHERIGEN IDENTITÄTEN. ES IST EIN GESCHENK DES MILITÄRS: „UNSCHULDIGER JUNGER MANN WIRD AM SIEG GEHINDERT“, EINE STORY FÜR DIE BESTSELLERLISTE DER POLITIK.
ERDOGAN SCHLÜPFT FREUDIG IN DIE NEUE ROLLE UND LEGT SIE NICHT WIEDER AB, BIS ER AN DER MACHT IST.
NOCH ALS ER DEN SULTANSMANTEL ANLEGT UND SELBST MENSCHEN UNTERDRÜCKT, TRÄGT ER SEINEN OPFERSTATUS WIE EINE VISITENKARTE VOR SICH HER.

DIE NEUE ÄRA IN ERDOGANS LEBEN ...
... BEGINNT, ALS SICH DIE EISENTÜR HINTER IHM SCHLIESST.
ER IST ENTSCHLOSSEN:
ER WIRD DIE ZELLE IN SEIN HAUPTQUARTIER VERWANDELN, UM DIE ZUKUNFT ZU PLANEN, UND IN EINE SCHULE, UM SICH AUF MORGEN VORZUBEREITEN. IN DER ZWANGSPAUSE WIRD ER SICH NEU ERFINDEN UND DIE ANSTALT ALS FÜHRUNGSPERSÖNLICHKEIT VERLASSEN.

ZUNÄCHST MACHT ER SICH MIT DER ANSTALTSLEITUNG, DEN WÄRTERN UND DEN MITHÄFTLINGEN VERTRAUT.
ER BEGINNT, DIE TAGE ZU ZÄHLEN.
1999
mart

JEDEN MORGEN STEHT ER UM FÜNF UHR AUF.
ER BETET.
ER NIMMT DAS VON SEINEM BODYGUARD BEREITETE GROSSE FRÜHSTÜCK EIN.
DANN LIEST ER ZEITUNG UND EMPFÄNGT BIS ZUM ABEND BESUCHER.

DIE BESUCHER MÜSSEN VORHER EIN FORMULAR AUSFÜLLEN.
EIN DREIKÖPFIGES SEKRETARIAT ...
... ORDNET DIE FORMULARE IN REIHENFOLGE.
BEVOR DIE BESUCHER EINTRETEN, WERDEN SIE ERMAHNT:
RAUCHT NICHT VOR DEM BOSS.
SCHLAGT DIE BEINE NICHT ÜBEREINANDER, LASST EUCH NICHT GEHEN.
JEDE ZEHN-PERSONEN-GRUPPE HAT 20 MINUTEN BESUCHSZEIT.

WER NICHT EINGELASSEN WIRD, TRÄGT SICH DRAUSSEN INS GÄSTEBUCH EIN.
Ziyaretçi defteri *
NACH DEM ENDE DER BESUCHSZEIT UM 16 UHR TRIFFT ERDOGAN ENGE FREUNDE UND DISKUTIERT MIT IHNEN DIE AGENDA.
SIND SIE FORT, FÜHRT ER DEN GANZEN ABEND KORRESPONDENZEN.
ZWEI TAGE IN DER WOCHE FASTET ER, ZWEI TAGE TREIBT ER SPORT.
AN DEN WOCHENENDEN KOMMEN FÜHRUNGSKRÄFTE AUS DEM GEFÄNGNIS ODER DEN UMLIEGENDEN BEZIRKEN, UM MIT ERDOGAN FUSSBALL ZU GUCKEN.
GOOL

* GÄSTEBUCH

EINMAL GIBT ERDOGAN EIN GASTMAHL FÜR DEN STAATSANWALT DER JVA.
DIE SHOW IST ÜBERTRIEBEN ...
ZWEI KÖCHE, ZWEI KELLNER, ZWEI HERDE UND KÜCHENMATERIALIEN SIND IN DIE ANSTALT GEBRACHT WORDEN.
DER BEWIRTETE STAATSANWALT IST SCHOCKIERT UND MUSS ERMITTLUNGEN AUFNEHMEN.
!
ALS IMMER MEHR BESUCHER KOMMEN UND GESCHENKE MITBRINGEN, WIRD VERLAUTBART, DER BÜRGERMEISTER NEHME NUR BÜCHERGABEN AN.
MIT DIESEN BÜCHERN WIRD IN DER ANSTALT EINE BIBLIOTHEK EINGERICHTET.

IN DIESER BIBLIOTHEK NIMMT ERDOGAN UNTERRICHT BEI EINEM ENGLISCHLEHRER, DER ZWEIMAL DIE WOCHE IN DIE JVA KOMMT.
ER STUDIERT DIE POLITISCHE GESCHICHTE DER TÜRKEI UND DIE PROGRAMME AUSLÄNDISCHER PARTEIEN.
BALD KRISTALLISIERT SICH DER KURS DER PARTEI HERAUS, DIE ER GRÜNDEN WILL. WENN ES IN EUROPA CHRISTDEMOKRATISCHE PARTEIEN GIBT, WIRD ER EINE „MUSLIMDEMOKRATISCHE" PARTEI GRÜNDEN ...
... UND DEM WESTEN BEWEISEN, DASS ISLAM UND DEMOKRATIE SEHR WOHL VEREINBAR SIND.
IN DEM FÜR IHN GESPONNENEN KOKON WIRD ER SICH WIE EINE SEIDENRAUPE VERPUPPEN UND MIT EINER VÖLLIG NEUEN IDENTITÄT HERVORBRECHEN. ER ENTFERNT SICH WEIT VON SEINER FRÜHEREN, REIN NATIONALEN SICHT AUF DIE WELT.
EUROPE

18. APRIL 1999
IN DER ZELLE VERFOLGT ER IM FERNSEHEN DIE RESULTATE DER KOMMUNALWAHLEN.
DIE TUGENDPARTEI ERHIELT IN ISTANBUL 27,5 PROZENT, LANDESWEIT NUR 16,5 PROZENT.
AUF DIESE WEISE WÜRDEN SIE NICHT AN DIE MACHT KOMMEN. SEIN ZIEL STEHT FEST:
AUS DEM GEFÄNGNIS ENTLASSEN, WIRD ER SEINE EIGENE PARTEI GRÜNDEN ...
... UND AN DIE REGIERUNG KOMMEN.
AUCH HASAN YESILDAG, SEINEN BESCHÜTZER IN DER HAFT, VERGISST ERDOGAN NICHT, ALS ER AN DIE REGIERUNG KOMMT: ZUNÄCHST ÜBERTRÄGT ER IHM EINE MEDIENGRUPPE MIT ZWEI ZEITUNGEN UND EINEM FERNSEHSENDER ZU PROPAGANDAZWECKEN. DANACH MACHT ER IHN ZUM BETREIBER EINES GASTRONOMIEKOMPLEXES BEI DER GRÖSSTEN MOSCHEE ISTANBULS.

24. JULI 1999
NACH 119 TAGEN

... WIRD ER EINES NACHTS AN DER HINTERTÜR AUS DEM GEFÄNGNIS ENTLASSEN. AUS ANGST VOR EINEM ANSCHLAG SIND ALLE LICHTER AUSGESCHALTET.

ER HAT DIE STRAFE, DIE IHN ERLEDIGEN SOLLTE, IN EINE AUSZEICHNUNG UMGEWANDELT, DIE IHN NEU ERSCHAFFEN HAT. MIT DEM, WAS ER ZUSAMMENGETRAGEN HAT, WIRD ER NUN DEN AUFSTIEG ZUM GIPFEL ERNEUT ANGEHEN.

*HERZLICH WILLKOMMEN, ERDOGAN

IM GEFÄNGNIS HABE ICH WEGE ZUR LÖSUNG DER PROBLEME MEINES LANDES UND MEINER NATION STUDIERT.
ER WILL WEITER POLITIK BETREIBEN, ABER WIE?
POLITISCHE BETÄTIGUNG IST IHM LEBENSLANG VERBOTEN.
ICH SETZE MEINE POLITISCHEN TÄTIGKEITEN FORT.
ZUDEM STEHT ER OHNE PARTEI DA.
AUS SEINER BÜRGERMEISTERZEIT SIND NOCH 18 KORRUPTIONSVERFAHREN ANHÄNGIG.
DIE NACH SEINER FREILASSUNG HOHE AUFMERKSAMKEIT LÄSST RASCH NACH; SEIT ER AUS PARTEI UND POLITIK AUSGESCHLOSSEN IST, WIRD ES STILL UM IHN.

WENN ER IN DIE MOSCHEE GEHT,
... IST NUR EINE HANDVOLL FREUNDE UM IHN.
ER MUSS EINEN AUSWEG FINDEN.

ER MIETET DEN LAGERRAUM IM ERDGESCHOSS SEINES WOHNHAUSES AN ...
... UND MACHT EIN BÜRO DARAUS.
DORT RICHTET ER SEIN NEUES HAUPTQUARTIER EIN.
FÜR SEINE KAMPAGNE HAT ER, UM KEINE SCHLAFENDEN HUNDE ZU WECKEN, EINEN LANGFRISTIGEN PLAN AUFGESTELLT.

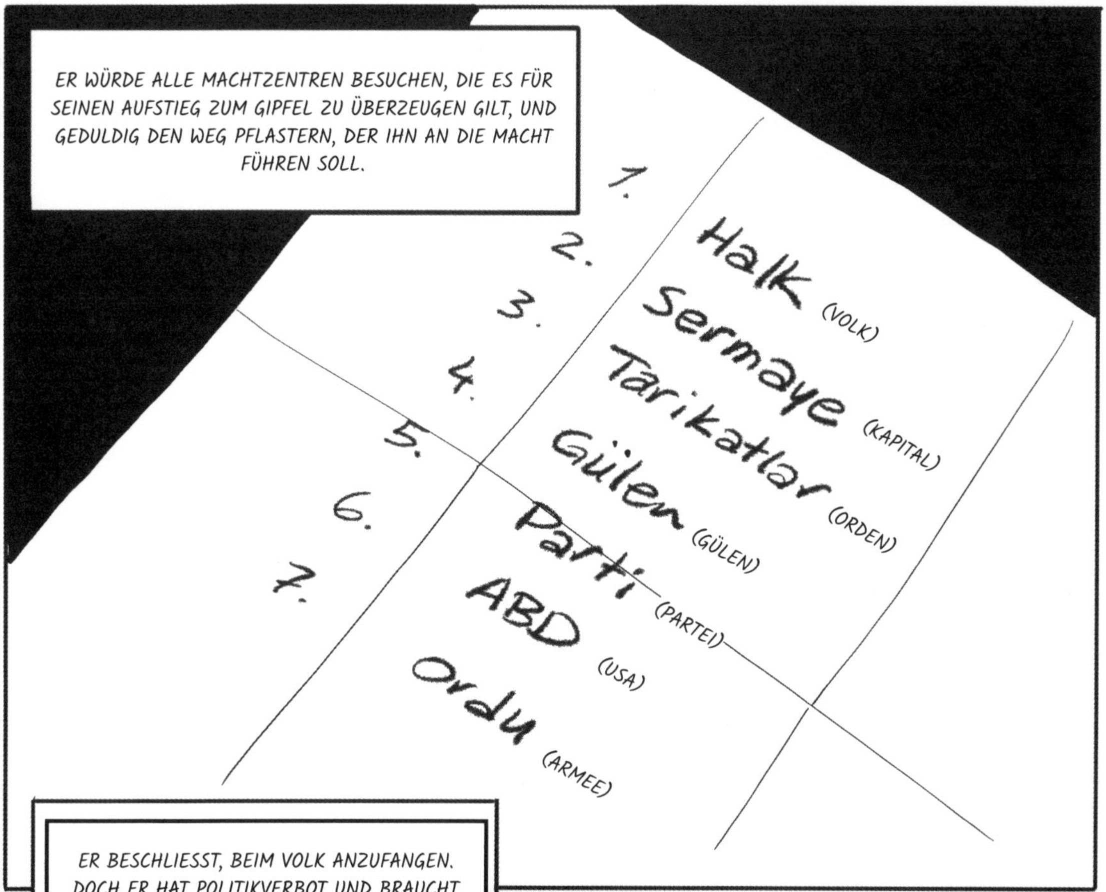
ER WÜRDE ALLE MACHTZENTREN BESUCHEN, DIE ES FÜR SEINEN AUFSTIEG ZUM GIPFEL ZU ÜBERZEUGEN GILT, UND GEDULDIG DEN WEG PFLASTERN, DER IHN AN DIE MACHT FÜHREN SOLL.
1. Halk (VOLK)
2. Sermaye (KAPITAL)
3. Tarikatlar (ORDEN)
4. Gülen (GÜLEN)
5. Parti (PARTEI)
6. ABD (USA)
7. Ordu (ARMEE)

ER BESCHLIESST, BEIM VOLK ANZUFANGEN. DOCH ER HAT POLITIKVERBOT UND BRAUCHT DAHER EINE RECHTFERTIGUNG.
Ziyaretçi defteri *
ICH BESUCHE ALLE, DIE MICH IM GEFÄNGNIS BESUCHT HABEN, IM GANZEN LAND ... !

*GÄSTEBUCH

ER MACHT SICH AUF NACH ANATOLIEN.
DIESE DANKESREISEN ERMÖGLICHEN IHM, KONTAKT MIT DER BEVÖLKERUNG AUFZUNEHMEN.
MITUNTER WIRD ER VON WACHSENDEN MENSCHENMENGEN EMPFANGEN, WENN ER IN EINER STADT NUR EINIGE LEUTE BESUCHEN WILL.
WIR SINGEN UNSER LIED DORT WEITER, WO WIR AUSGESETZT HATTEN.
MIT SEINEN ANGEBLICH ZUM DANK GEHALTENEN REDEN ZERSETZT ER DAS POLITIKVERBOT.

OKTOBER 1999
DAS KAPITAL IST AN DER REIHE.
DAS GROSSKAPITAL IST UNZUFRIEDEN MIT DER SCHWACHEN REGIERUNGSKOALITION.
MAN IST AUF DER SUCHE NACH EINER NEUEN ALTERNATIVE.
DIE RETTUNG DER TÜRKEI KANN NUR MIT EINER HALTUNG GELINGEN, DIE SICH AUF BREITE KREISE STÜTZT UND DAS GANZE LAND MITNIMMT.
IS UNTERNEHMER LAUSCHEN GEBANNT DEM IN DIE VILLA GELADENEN JUNGEN POLITIKER.
ICH BEWERBE MICH DARUM.

ZEITGLEICH WIRD AN EINEM ANDEREN TISCH EMINE ERDOGAN GEPRÜFT:
MIR FIEL AUF, DASS SIE MÄNNERN NICHT DIE HAND GEBEN.
RICHTIG, MEIN GLAUBE HINDERT MICH DARAN. WIR SIND SCHAFIITEN, WIR SCHÜTTELN KEINE HÄNDE.
ABER WENN IHR MANN PREMIERMINISTER WIRD, WERDEN SIE DAS TUN MÜSSEN.
ALS ER BÜRGERMEISTER WAR, GAB ES KEIN PROBLEM DAMIT.
DOCH WENN ER STAATSMANN WIRD, REPRÄSENTIEREN SIE DIE TÜRKEI, WAS DANN?
DAS MUSS ICH UNSERE GEISTLICHEN FRAGEN.

DEZEMBER 1999
JETZT BRAUCHT ES DIE GENEHMIGUNG DES ORDENS.
ENDE 1999 REIST ERDOGAN 20.000 KM NACH AUSTRALIEN,
... UM SEINEN NACH DEM POSTMODERNEN COUP VON 1997 DORTHIN MIGRIERTEN SCHEICH ESAD COSAN ZU TREFFEN.
Australien
DER VON COSAN GELEITETE NAQSCHBANDIYA-ORDEN HAT SICH WIE ERDOGAN VON ERBAKAN ABGEWANDT.
ERDOGAN KEHRT MIT EINEM UNTERSTÜTZUNGSVERSPRECHEN AUS AUSTRALIEN ZURÜCK.

MAI 2000
DAS 21. JAHRHUNDERT HAT ER IN AUSTRALIEN BEGRÜSST, VOR DEM REST DER WELT. ER HAT DIE UNTERSTÜTZUNG DER BASIS, DES KAPITALS UND DES ORDENS GESICHERT, ALSO DER DREI WICHTIGSTEN SÄULEN DER POLITIK.
USA
IM AUSLAND LIEGT EINE WEITERE WICHTIGE STATION, DEREN UNTERSTÜTZUNG ES BRAUCHT: DIE USA …
BEIM FLUG ÜBER DEN ATLANTIK RECHNET ER SICH AUS, DASS DIE NULLERJAHRE SEINE JAHRE SEIN WERDEN.
PENNSYLVANIA
HISTORISCHE BEDEUTUNG SOLL DIESER REISE DAS TREFFEN MIT FETHULLAH GÜLEN IN PENNSYLVANIA VERLEIHEN.
DAS IST DER AUFTAKT FÜR EINE GROSSE, ÜBER ZEHN JAHRE WÄHRENDE PARTNERSCHAFT. BEIDE WERDEN DIE NEUE TÜRKEI GEMEINSAM BAUEN UND LENKEN.

ICH HABE VOR, MICH VON ERBAKAN ZU TRENNEN UND EINE NEUE PARTEI ZU GRÜNDEN.
DAZU WOLLTE ICH IHRE MEINUNG HÖREN.
– Hmm..m..
WENN SIE DAS TUN, TUN SIE ES, OHNE SICH MIT ERBAKAN HODSCHA ZU ÜBERWERFEN.
UND SUCHEN SIE EIN AUSKOMMEN MIT DEM MILITÄR.
ANDERNFALLS KÖNNEN SIE GAR NICHTS TUN.

ERDOGAN HAT EINE WEITERE SEHR WICHTIGE STUFE AUF DEM WEG ZUR MACHT ERKLOMMEN.
ER HAT SICH DIE UNTERSTÜTZUNG DER VOR ALLEM IN POLIZEI UND JUSTIZ STARKEN GÜLEN-BEWEGUNG GESICHERT.
DOCH ER WEISS VON ERBAKAN, DASS GÜLEN NICHT ZU VERTRAUEN IST. ALS DIE ARMEE DREI JAHRE ZUVOR ERBAKAN DAS MEMORANDUM GEGEBEN HATTE, HATTE GÜLEN SICH AN DIE SEITE DER MILITÄRS GESTELLT.
JETZT STEIGT ER IN EINE PARTNERSCHAFT MIT ERDOGAN EIN.
DIE FÜREINANDER GEWETZTEN MESSER WERDEN ZEHN JAHRE SPÄTER AUS DER SCHEIDE GEZOGEN.
ZUALLERERST MÜSSEN WIR MIT DENEN FERTIG WERDEN.

14. MAI 2000
PARTEITAG DER TUGENDPARTEI
AUF DEM KONGRESS KOMMT ES ZUM „SCHATTENBOXEN". DIE BEIDEN ANFÜHRER ERBAKAN UND ERDOGAN DÜRFEN WEGEN IHRES POLITIKVERBOTS NICHT AUFTRETEN. SIE KÄMPFEN ÜBER IHRE VERTRETER GEGENEINANDER.
FP
PREMIER ABDULLAH GÜL.
WO ERBAKAN IST, SIND AUCH WIR.
ERBAKAN, REPRÄSENTANT DES TRADITIONELLEN FLÜGELS, STELLT RECAI KUTAN ALS KANDIDATEN FÜR DEN VORSITZ AUF. ER IST WIE ERBAKAN SELBST EIN „ALTER WEISER".
IM NAMEN DES „ERNEUERER-FLÜGELS" LÄSST ERDOGAN DEN WEIT JÜNGEREN ABDULLAH GÜL ANTRETEN.
FP
KUTAN GEWINNT ZWAR, DOCH GÜL ERHÄLT BEINAHE DIE HÄLFTE DER STIMMEN, DIE PARTEI IST GESPALTEN. DIE BASIS IST GESPRENGT, ERDOGAN HAT EIN WEITERES HINDERNIS GENOMMEN.

JETZT KANN ER REDEN.
WIRD EIN AMNESTIEGESETZ ZUR AUFHEBUNG IHRER STRAFE KOMMEN?
OB EIN GESETZ KOMMT ODER NICHT, ICH BIN BEREIT, MICH AN DIE ARBEIT ZU MACHEN.
WAS IST ZU TUN, DAMIT DIE PARTEI GRÖSSER WIRD?
ZUNÄCHST MUSS DIE KULTUR DES GEHORSAMS AUFHÖREN. DIE ZEIT DES KATZBUCKELNS MUSS ENDEN, DIE ZUKUNFT MÜSSEN WIR DURCH AUSGLEICH AUFBAUEN.
WIR MÜSSEN UNS MIT MILITÄR, JUSTIZ UND KAPITAL AUSSÖHNEN.

WOLLEN SIE, DASS SICH DIE ALTEN AUS DER POLITIK ZURÜCKZIEHEN?
SIE SOLLEN SICH NICHT ZURÜCKZIEHEN, ABER KEIN RECHT DARAUF HABEN, GEWÄHLT ZU WERDEN.
DIE POLITIK BRAUCHT JUNGE LEUTE.
WIE ES EINE ALTERSGRENZE FÜR DEN EINTRITT IN DIE POLITIK GIBT, KÖNNTE MAN FÜR DAS ENDE EINE GRENZE VON 65 JAHREN SETZEN.
ALS ERDOGAN DAS SAGT, IST ERBAKAN 65 JAHRE ALT. ALS ERDOGAN 2018 MIT 65 JAHREN FÜR DIE PRÄSIDENTSCHAFT KANDIDIERT, WIRD NIEMAND WAGEN, IHN AN SEINE WORTE VON DAMALS ZU ERINNERN.

„ICH BIN ANDERS ALS ERBAKAN, ICH BIN BEREIT, MIT DEM SYSTEM KONFORM ZU GEHEN“, GIBT ERDOGAN MIT JEDEM WORT ...
... DEN MEDIEN, DEM MILITÄR, DEM KAPITAL, DEN USA ZU VERSTEHEN.
JULI 2000
IM SOMMER FLIEGT ER ERNEUT IN DIE USA.
USA
DIESMAL AUF EINLADUNG DES AMERICAN JEWISH COMMITTEE. VOR DENKFABRIKEN DER JÜDISCHEN LOBBY UND DER NEOKONSERVATIVEN ERKLÄRT ER SICH UND SEINE PROJEKTE.
ER TRIFFT AUCH DEN VORSITZENDEN DER ANTI-DEFAMATION LEAGUE, ABRAHAM FOXMAN.

FEBRUAR 2001
KHEDIVENPALAST, ISTANBUL
NUN GILT ES NOCH, DIE SCHWIERIGSTE BASTION ZU EROBERN:
ER BITTET DAS MILITÄR UM EINEN TERMIN.
ICH WILL EINE NEUE PARTEI GRÜNDEN.
ER TRIFFT ADMIRAL A.D. ATILLA KIYAT, DER BEI ERBAKANS ABSETZUNG EINE ROLLE GESPIELT HATTE.
UND ZWAR NICHT IM GEHEIMEN, SONDERN IN ALLER ÖFFENTLICHKEIT: IM KHEDIVENPALAST IN ISTANBUL.
WIR MISCHEN UNS NICHT IN PARTEINEUGRÜNDUNGEN EIN, ... ABER WIR DRÜCKEN KEIN AUGE ZU, WENN POLITIKER DIE RELIGION, DIE WIR ALS SOZIALEN REICHTUM BETRACHTEN, MISSBRAUCHEN.

UNSERE REAKTION AUF ERBAKAN WAR EIN REFLEX DER LAIZISTISCHEN STAATSTRADITION.
ES SOLL EINE PARTEI WERDEN, DIE DAS DEMOKRATISCHE SYSTEM RESPEKTIERT.
NATÜRLICH AUCH DEN LAIZISMUS ...
VOR ALLEM IM ÖFFENTLICHEN DIENST MÜSSEN PRAKTIKEN AUFHÖREN, DIE ALS RELIGIÖSER ZWANG VERSTANDEN WERDEN KÖNNEN.
IST NOTIERT.
DIE NOTIZEN, DIE ER SICH BEI DEM ESSEN MACHTE, STICHT ER KURZ DARAUF AN EINEN NAHESTEHENDEN JOURNALISTEN DURCH.
DIE BOTSCHAFT LAUTET: „ICH HABE DAS PLAZET DER MILITÄRS.“

DAMIT SIND IM IN- UND AUSLAND SÄMTLICHE TÜREN GEÖFFNET.
1. Halk (VOLK)
2 Sermaye (KAPITAL)
3 Tarikatlar (ORDEN)
4. Gülen (GÜLEN)
5. Parti (PARTEI)
6. ABD (USA)
7. Ordu (ARMEE)
DOCH GERADE ALS ER MEINT, ALLE HINDERNISSE ÜBERWUNDEN ZU HABEN, ZEIGEN ZWEI NACHRICHTEN, DASS ES IN VERWALTUNG UND JUSTIZ WIDERSTAND GIBT:
EIN INSPEKTOR DES INNENMINISTERIUMS STELLTE UNREGELMÄSSIGKEITEN BEI AUSSCHREIBUNGEN IN IHRER ZEIT ALS BÜRGERMEISTER FEST. DAS MINISTERIUM HAT ERMITTLUNGEN ZUGELASSEN.
DER OBERSTAATSANWALT AM KASSATIONSHOF HAT EIN VERFAHREN EINGELEITET: ER FORDERT 14 JAHRE HAFT FÜR SIE, WEIL SIE BEI AUSSCHREIBUNGEN ANGEBLICH EINKÜNFTE UNTERSCHLAGEN UND FÜR DIE PARTEI BENUTZT HABEN.
ER MUSS ETWAS TUN; ER MUSS DIE ENTWICKLUNGEN IN ADMINISTRATION UND JUSTIZ STOPPEN UND SEIN POLITIKVERBOT AUFHEBEN LASSEN.
DA KOMMT VON EINEM SPITZENBEAMTEN UNVERMUTET EIN ANGEBOT. ER KENNT DEN MANN NICHT:
ICH HELFE IHNEN.

VAHIT ÖZDEMIR IST ALS MINISTERBERATER IN DEN RESSORTS AUSSENAMT UND BAUWESEN TÄTIG.
WIR HABEN BEIM STAATSRAT BESCHWERDE GEGEN DIE ERMITTLUNGEN IM INNENMINISTERIUM EINGELEGT. WAS KÖNNEN SIE TUN?
DER NEUE MANN IM STAATSRAT, HÜSEYIN KARAKULLUKCU, IST EIN FREUND VON MIR. ICH REDE MIT IHM.
DANN IST DA NOCH DER PROZESS WEGEN UNTERSCHLAGUNG.
AUCH DARUM KÜMMERE ICH MICH.

BINNEN KÜRZESTER ZEIT LÖST SICH EIN PROBLEM NACH DEM ANDEREN:
DER STAATSRAT HEBT DIE ERLAUBNIS DES INNENMINISTERIUMS FÜR ERMITTLUNGEN GEGEN ERDOGAN AUF. HÜSEYIN KARAKULLUKCU VON DER DAFÜR ZUSTÄNDIGEN ABTEILUNG WIRD JAHRE SPÄTER UNTER ERDOGANS REGIERUNG STAATSRATSCHEF.
DER PROZESS VOR DEM STRAFGERICHT ENDET MIT FREISPRUCH. DER DAFÜR ZUSTÄNDIGE RICHTER ISMAIL RÜSTÜ CIRIT WIRD JAHRE SPÄTER UNTER ERDOGANS REGIERUNG VORSITZENDER DES KASSATIONSHOFS.
DER BEI DER LÖSUNG SEINER PROBLEME BEHILFLICHE DIPLOMAT VAHIT ÖZDEMIR WIRD JAHRE SPÄTER UNTER ERDOGANS REGIERUNG ZUM ABGEORDNETEN GEWÄHLT.
23. JUNI 2001
Fazilet'te gözyaşları
ZU DIESER ZEIT WIRD ERBAKANS VIERTE PARTEI, DIE TUGENDPARTEI, VERBOTEN.
IN DEN ZEITUNGEN IST NEBEN DEN FOTOS WEINENDER ABGEORDNETER EINER, DER LÄCHELT:
ERDOGAN, DER SAGT: „WARTET AUF DIE NEUE, MIT DER NATION HARMONIERENDE PARTEI."

ENDLICH SIND ALLE HINDERNISSE AUF DEM WEG ZUM GIPFEL AUSGERÄUMT.
ER IST EHRGEIZIG DURCH DEN WILDEN WALD MARSCHIERT UND HAT ALLE RIESEN, DIE SICH IHM IN DEN WEG STELLTEN, BALD MIT TÄUSCHUNG, BALD MIT EINSCHÜCHTERUNG GESCHLAGEN.

SEIN LETZTES OPFER,
... UNTER DESSEN JOCH ER JAHRELANG GELEBT HATTE,
... IST SEIN „POLITISCHER VATER".

ES BLEIBT NUR NOCH, ZUM GIPFEL ZU MARSCHIEREN.

2000
DER GIPFEL
Zeit für den Auftritt

DIE ZEIT IST GEKOMMEN, EIN NEUES KLEID ANZULEGEN. DAS NATIONALE HAT AUSGEDIENT.
ER SELBST WIE AUCH SEINE FAMILIE SOLLEN SICH WANDELN.
WERBEFACHLEUTE MACHEN SICH AN DIE ARBEIT, UM DEN 47-JÄHRIGEN ERDOGAN IN VÖLLIG NEUER VERPACKUNG AUF DIE POLITISCHE BÜHNE ZU STELLEN.

DIE NEUE PARTEI SOLL „GERECHTIGKEIT UND ENTWICKLUNG“ HEISSEN.
AK PA
AK PARTi
NEBEN DEN ABSTEIGENDEN PARTEIEN UND VERBRAUCHTEN POLITIKERN SOLL ERDOGAN ALS „NEUE HOFFNUNG DER POLITIK“ DARGESTELLT WERDEN.

DER NAME STEHT, IHR SYMBOL SOLL DIE GLÜHBIRNE SEIN.
AK

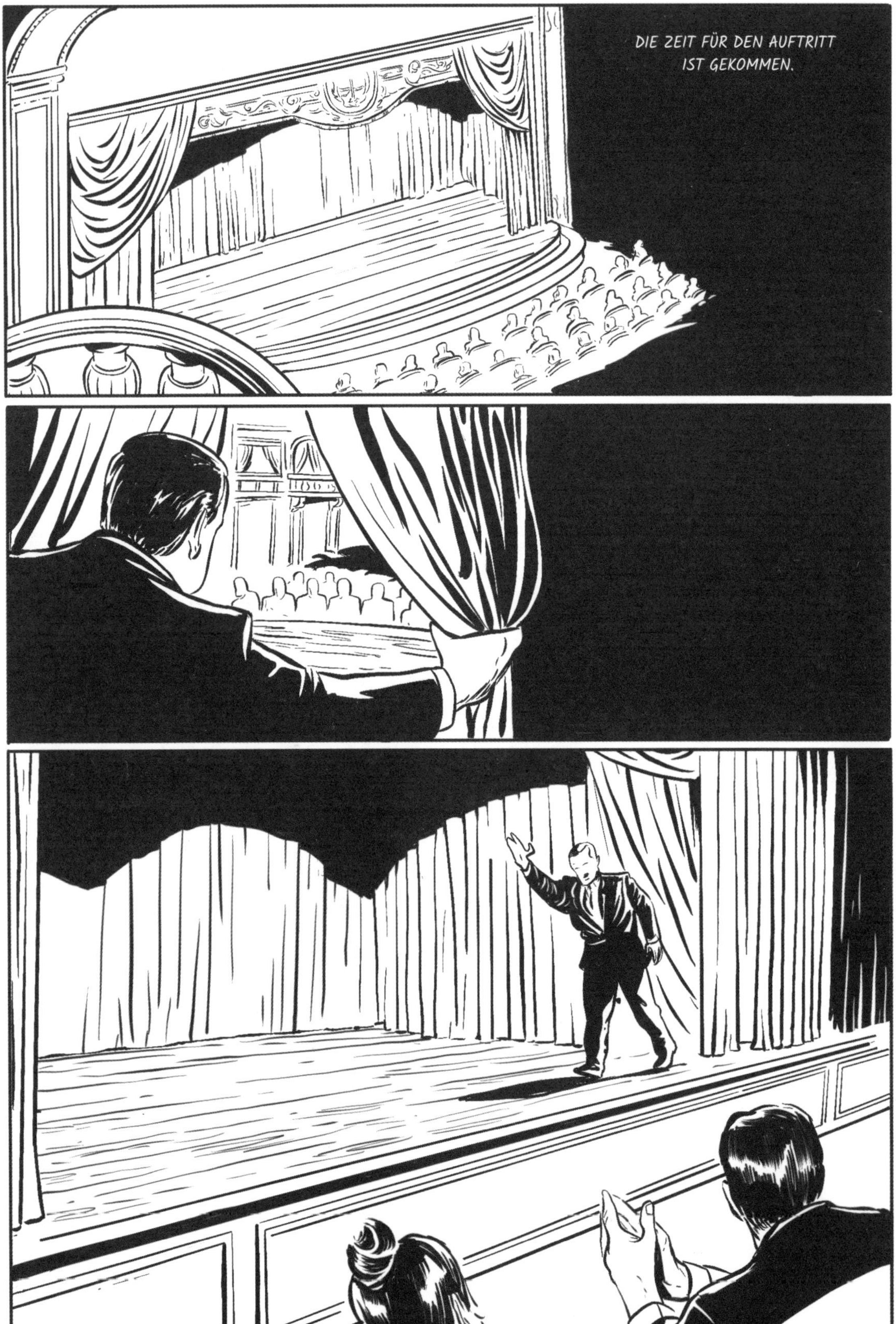
DIE ZEIT FÜR DEN AUFTRITT IST GEKOMMEN.

VON ORDENSFÜHRERN ÜBER PROSTITUIERTE, JÜDISCHE ORGANISATIONEN, LIBERALE INTELLEKTUELLE UND LAIZISTISCHE GENERÄLE BIS HIN ZU AUSLÄNDISCHEN DIPLOMATEN HAT ER DIE UNTERSCHIEDLICHSTEN KREISE GLAUBEN GEMACHT, DASS ER SICH GEÄNDERT HABE.

SECHS JAHRE ZUVOR SAGTE ER: „UM UNSEREM KAMPF ZUR MACHT ZU VERHELFEN, SCHLÜPFE ICH WENN NÖTIG AUCH IN EIN PRIESTERGEWAND.“
JETZT STEHT ER IM NEUEN KOSTÜM AUF DER BÜHNE UND FÜHRT NEUE REDEN.
ICH HABE DIE DEMOKRATIE VERINNERLICHT.
WIR HABEN DIE RELIGIÖS GEPRÄGTE POLITIK AUFGEGEBEN. DIE EINZIGE LÖSUNG IST DER LAIZISMUS.
SOLLTE NOCH IMMER JEMAND VOM SCHARIA-STAAT REDEN, NEHME ICH IHN NICHT ERNST.

ALLERDINGS GIBT ES VIELE, DIE NICHT DARAN GLAUBEN, DASS ER SICH GEÄNDERT HAT:
WENN DIE NATION ES WILL, GEHT DER LAIZISMUS NATÜRLICH UNTER.
DEMOKRATIE IST FÜR UNS NICHT DAS ZIEL, SONDERN EIN MITTEL.
GOTT SEI DANK BIN ICH ISLAMISCHER FUNDAMENTALIST.

AM ENDE SOLLEN SIE RECHT BEHALTEN.

Wie das Buch entstand

Als Quellen für dieses Buch wurden sowohl Werke von Anhängern Erdoğans, quasi „offiziellen Chronisten“, als auch Arbeiten objektiver Journalisten herangezogen, die sein Leben eingehend studiert haben. Es wurden Berichte von Erdoğan selbst verwendet, sowie von Menschen, die eine Zeit lang an seiner Seite waren.

Recherchiert wurde in einer Vielzahl schriftlicher Quellen: im Schulregister, im Archiv der Istanbuler Bus- und Straßenbahnbetriebe IETT, bei denen Erdoğan tätig war, sowie in Presse- und Fernseharchiven. Konträre Informationen wurden sorgfältig abgeglichen, nicht gesicherte Daten aus dem Text entfernt.

Can Dündar achtete darauf, sich im Text über die politische Figur, die den Lauf seines Lebens verändert hat, eigener Urteile zu enthalten - und stattdessen streng journalistische Objektivität zu wahren. Anwar zeichnete das zusammengetragene Bildmaterial so realitätsnah wie möglich.

Dreieinhalb Jahre hat die Arbeit an der ersten Graphic Novel über Erdoğans Aufstieg zur Macht gedauert.

Autor / Zeichner

Can Dündar

Can Dündar wurde in Ankara geboren. Er ist Journalist, Autor und Dokumentarfilmer. 1979 schlug er eine journalistische Laufbahn ein und war zunächst für diverse Zeitungen und Zeitschriften tätig, bis er 1988 zum Fernsehen wechselte und die Hauptnachrichten moderierte. Er drehte Dokumentarfilme über die zeitgenössische türkische Geschichte und Kulturanthropologie und schrieb 40 Bücher in der Türkei.

Als Chefredakteur der renommiertesten und ältesten Zeitung des Landes, der Cumhuriyet, wurde er verhaftet, weil er in einem Bericht dokumentiert hatte, wie der türkische Geheimdienst Dschihadisten in Syrien illegal mit Waffen belieferte. Dafür sollte er lebenslang ins Gefängnis und wurde schließlich zu 27 Jahren Haft verurteilt. Das Revisionsverfahren läuft noch.

2016 wurde ein bewaffneter Anschlag auf ihn verübt, seitdem lebt er im Exil in Deutschland. Hier dreht er unter anderem Dokumentationen für das ZDF und ARTE. Seine Hafterinnerungen „Lebenslang für die Wahrheit" wurden ins Deutsche, Englische, Griechische, Italienische und Spanische übersetzt und in England von der Royal Shakespeare Company auf die Bühne gebracht.

Er schreibt regelmäßig für Die ZEIT und die Washington Post.

Dündar erhielt den Hermann-Kesten- und den Gustav-Heinemann-Preis, sowie Auszeichnungen von Reporter ohne Grenzen, PEN, dem Komitee zum Schutz von Journalisten CPJ, Netzwerk Recherche und wurde zum Ehrenbürger von Paris ernannt.

In Berlin leitet er das gemeinsam mit CORRECTIV gegründete Online-Magazin und Webradio #ÖZGÜRÜZ.

Er ist verheiratet und Vater eines Sohnes.

Mohamed Anwar

Mohamed Anwar ist ein ägyptisch-sudanesischer Comiczeichner und politischer Karikaturist. Anwar gehört zu der neuen Welle junger politischer Karikaturisten, die 2006 während der letzten Jahre des ehemaligen Diktators Hosni Mubarak in den frisch etablierten privaten Medien aufgetaucht sind.

2007 begann Anwar seine berufliche Laufbahn als Karikaturist für *Al-Badeel*, eine ägyptische Tageszeitung, während seines Studiums der Biomedizintechnik. Danach arbeitete er für mehrere ägyptische und arabische Zeitungen und Zeitschriften. 2010 wechselte er zu *Almasry-Alyoum*, der auflagenstärksten ägyptischen Tageszeitung, in der er noch immer seine Cartoons veröffentlicht.

Die ägyptische Revolution, die 2011 ausbrach, war ein zentraler Punkt in Anwars Entwicklung als Künstler. Seine Arbeit verteidigt die Werte sozialer Gerechtigkeit, Meinungsfreiheit und Gleichheit in der ägyptischen Gesellschaft und widersetzt sich oft den Stimmen des politischen Islams und des Militärregimes, welche die politische Szene damals dominierten. Infolgedessen erregten seine Cartoons internationale Aufmerksamkeit.

2017 wurde Anwar mit einem der renommiertesten Preise für ägyptischen Journalismus, dem Mustafa- und Ali Amin-Preis, als bester politischer Karikaturist in Ägypten ausgezeichnet.

Nachdem 2019 die politischen Reformen des arabischen Frühlings zunichte gemacht wurden, wurde Anwar verhaftet und aus Ägypten deportiert. Er zog in den Libanon, ließ sich dann in Berlin nieder und ist aktuell Fellow bei *CORRECTIV*.

Dank

Zahlreiche Menschen waren an der Entstehung dieses Buches beteiligt. Doch der Mann, von dem dieses Buch handelt, duldet keinerlei Kritik. Aus diesem Grund haben wir entschieden, nicht jedem und jeder namentlich zu danken.

Unser Dank gilt allen, die an den Recherchen, der Verifizierung der Informationen, der Zusammenstellung des Bildmaterials, dem Korrigieren und Layouten der Texte und der Druckvorbereitung des Buches beteiligt waren. Allen voran den Mitarbeiterinnen und Mitarbeitern von *CORRECTIV* mit David Schraven an der Spitze, der das Projekt vom ersten Tag an mit Rat und Tat unterstützt hat.

Ebenso danken wir allen, die das Buch vor dem Druck kritisch gelesen haben, Hinweise gegeben haben und Vorschläge gemacht haben.

Bekanntermaßen hält Erdoğan nichts von Humor im Allgemeinen und speziell von Karikaturen. In der Türkei gerieten zahllose Satirezeitschriften und Karikaturisten wegen ihrer Erdoğan-Zeichnungen ins Visier, wurden verklagt und verurteilt. Einige mussten ins Gefängnis. Auch Zeitschriften wie *Charlie Hebdo* wurden Opfer von Erdogans ablehnender Haltung gegenüber Karikaturen. Diese Graphic Novel ist eine Solidaritätsbekundung an sie.

Politiker kommen und gehen, Zeichnungen bleiben …

#ÖZGÜRÜZPress Verlag

Eine Zuflucht für verfolgte Autoren und Autorinnen. Eine Heimstatt für verbrannte Bücher.

Diese Graphic Novel über den Aufstieg von Recep Tayyip Erdoğan an die Spitze der Politik in der Türkei ist das erste Buch unseres neuen Verlages #ÖZGÜRÜZPress.

#ÖZGÜRÜZPress will die Freiheit der Schrift verteidigen. Wir wollen Bücher von Menschen veröffentlichen, die ins Visier von Despoten geraten sind, die zensiert, verboten, inhaftiert oder getötet worden sind – egal wo auf der Welt.

Wir wollen dafür sorgen, dass ihre Werke in vielen Sprachen zugänglich sind, ob gedruckt oder digital. Auf diese Weise wollen wir Autoren und Autorinnen unterstützen, die in ihrer Heimat unterdrückt oder bedroht werden, die ins Exil fliehen mussten oder aus dem Untergrund versuchen, weiterzuarbeiten.

Wir wollen Bücher veröffentlichen, die unterdrückt werden sollen. Wir wollen Autokraten die Kraft der geschrieben Sprache entgegenstellen. Wir wollen beweisen, dass Zensur nur dazu führt, dass ein Werk eine umso größere Verbreitung erfährt.

Für diesen Kampf, den wir gegen viele autoritäre Herrscher in der Welt führen wollen, brauchen wir Ihre Solidarität.

– Wir stehen auf gegen Zensur.
– Wir setzen uns ein für die Freiheit des Wortes.
– Wir stehen für Wahrheit, Transparenz, Diversität und Demokratie.
– Wir veröffentlichen, was andere verschweigen wollen.
– Wir brauchen Ihre Unterstützung.

Der Verlag #ÖZGÜRÜZPress ist gemeinnützig und nicht auf Gewinn ausgerichtet.

Unterstützen Sie uns mit einer Spende:
ÖZGÜRÜZ Press gUG
IBAN: DE04 4306 0967 1255 8386 00
BIC: GENODEM1GLS